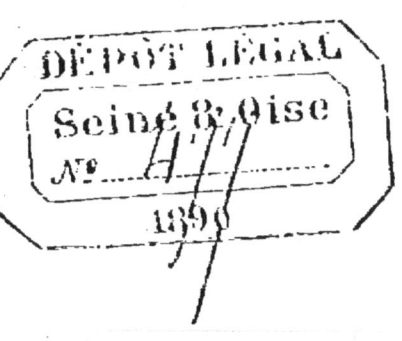

PETITS

ÉLÉMENTS DE MORALE

Tout exemplaire de cet ouvrage non revêtu de ma griffe sera réputé contrefait.

OUVRAGES de M. Paul JANET

Traité élémentaire de philosophie à l'usage des classes. Un fort volume in-8°, broché.................................. 9 fr. 50
Traité général de la philosophie, 4 vol. in-8°, br. (en préparation).
Histoire de la philosophie, les problèmes et les écoles (P. Janet et Gabriel Séailles). Un très fort vol. in-8°, br. 10 fr. 50
La morale. Un fort vol. in-12, br..................... 4 fr. 50
Morale pratique à l'usage de l'enseignement secondaire spécial (4e année) in-12, cart............................. 2 fr. 50
Éléments de philosophie scientifique et de philosophie morale à l'usage de l'enseignement secondaire spécial (5e année), in-12, cart.. 4 fr. 50
Cours de morale à l'usage des écoles normales d'instituteurs.
   1re Année, in-12, br....................... 2 fr. 50
   2e Année, in-12, br....................... 2 fr. 50
Cours de morale à l'usage des écoles normales d'institutrices.
   1re et 2e Années, in-12, br................. 2 fr. 50
   3e Année, in-12, br....................... 2 fr. 50
Notions de morale pratique à l'usage de l'enseignement secondaire de jeunes filles. 3e Année, in-12, relié carte. 3 fr. »
Petits éléments de morale, in-12, cart............. » fr. 90
Histoire de la Révolution française, in-12, avec illustrations, broché.. 3 fr. 50
Lectures variées de littérature et de morale, in-12, broché.. 1 fr. »

PETITS ÉLÉMENTS DE MORALE

PAR

PAUL JANET

Membre de l'Institut,
Professeur à la Faculté des lettres de Paris.

QUATRIÈME ÉDITION

PARIS
LIBRAIRIE CH. DELAGRAVE
15, RUE SOUFFLOT, 15

1890

PETITS ÉLÉMENTS DE MORALE

CHAPITRE PREMIER

NOTIONS MORALES

Tous les hommes distinguent le *bien* et le *mal*, les actions *bonnes* et les actions *mauvaises :* par exemple, aimer ses parents, respecter le bien d'autrui, être fidèle à sa parole, etc., — voilà qui est bien ; faire du mal à qui ne nous en a pas fait, tromper et mentir, être ingrat envers ses bienfaiteurs, et infidèle à ses amis, etc., — voilà qui est mal.

Le bien est *obligatoire*, c'est-à-dire qu'il *doit* être accompli ; le mal, au contraire, *doit* être évité. Le *devoir* est cette *loi* par laquelle nous sommes tenus de faire le bien et d'éviter le mal. On l'appelle aussi la *loi morale*. Cette loi comme toutes les lois, *ordonne, défend* et *permet*.

On appelle *agent moral*, celui qui agit et qui est capable de faire le bien et le mal, celui qui, par conséquent, est tenu d'obéir à la loi morale. Pour qu'un agent soit tenu d'obéir à une loi, il faut *qu'il la connaisse et la com-*

prenne. En morale, comme en législation, *nul n'est censé ignorer la loi.* Il y a donc en tout homme une certaine connaissance de la loi, c'est-à-dire un *discernement naturel du bien et du mal :* ce discernement est ce que l'on appelle la *conscience* ou quelquefois le *sens moral.*

La conscience est un acte de l'esprit : c'est un *jugement.* Mais ce n'est pas seulement l'esprit qui est averti du bien et du mal : c'est le cœur. Le bien et le mal, accomplis soit par autrui, soit par nous-mêmes, déterminent en nous des émotions, des affections de diverse nature. — L'ensemble de ces émotions ou affections est ce qu'on appelle le *sentiment moral.*

Il ne suffit pas que l'homme connaisse et distingue le bien et le mal, et éprouve pour l'un et l'autre des sentiments différents. Il faut encore, pour être un *agent moral,* que l'homme soit capable de *choisir* entre l'un et l'autre ; on ne peut lui ordonner *ce qu'il ne pourrait pas* faire, ni lui défendre ce qu'il *serait forcé* de faire. Ce *pouvoir de choisir* est la *liberté,* ou *libre arbitre.*

Un *agent libre,* qui possède le *discernement du bien et du mal,* est dit *responsable* de ses actions ; c'est-à-dire qu'il peut en répondre, en rendre compte, en subir les conséquences : il en est donc la *véritable cause.* Ses actions, par conséquent, peuvent lui être attribuées, mises sur son compte, en d'autres termes, *imputées.* L'agent est *responsable,* les actions sont *imputables.*

Les actions humaines, avons-nous dit, sont tantôt bonnes tantôt mauvaises. Ces deux qualifications ont des degrés, en raison de l'importance ou de la difficulté de l'action. C'est ainsi qu'une action est *convenable, estimable, belle, admirable, sublime,* etc., d'un autre côté, l'action mauvaise est tantôt une simple *faute*, tantôt un *crime*. Elle est *coupable*, *basse*, *odieuse*, *exécrable*, etc.

Si, dans un agent, on considère l'*habitude* des bonnes actions, une *tendance constante* à se conformer à la loi du devoir, cette habitude ou tendance constante s'appelle *vertu*, et la tendance contraire s'appelle *vice*.

En même temps que l'homme se sent tenu par sa conscience de chercher le *bien*, il est entraîné par sa nature à chercher le *plaisir*. Lorsqu'il jouit du *plaisir*, sans aucun mélange de douleur, il est *heureux* ; et le plus haut degré de plaisir possible, avec la moindre somme de douleur possible, est le *bonheur*. Or l'expérience montre que le bonheur n'est pas toujours en harmonie avec la vertu, et que le plaisir n'est pas nécessairement joint à l'accomplissement du bien.

Et cependant nous trouvons injuste une telle séparation ; et nous croyons à une liaison naturelle et légitime du plaisir et du bien, de la douleur et du mal. Le plaisir, considéré comme la conséquence due à l'accomplissement du bien, s'appelle *récompense*, et la douleur, considérée comme la conséquence légitime du mal s'appelle *punition*.

Lorsque l'homme a bien agi, il croit avoir droit à une récompense ; tous les autres hommes portent le même jugement. Quand il a mal agi, tous les hommes croient au contraire, et lui-même croit aussi qu'il doit payer cette mauvaise action par un châtiment. Ce principe, en vertu duquel nous déclarons l'agent moral digne du bonheur ou du malheur, suivant qu'il a bien ou mal agi, est dit le principe du *mérite* et du *démérite*.

L'ensemble des récompenses et des punitions attachées à l'exécution ou à la violation d'une loi s'appelle *sanction*;

la sanction de la loi morale s'appellera donc *sanction morale.*

Toute loi suppose un législateur. La loi morale supposera donc un *législateur moral :* c'est par là que la morale nous élève à *Dieu.* Toute sanction humaine ou terrestre étant démontrée insuffisante par l'observation, il faut à la loi morale une sanction *religieuse.* C'est ainsi que la morale nous conduit à l'*immortalité de l'âme.*

Si nous revenons sur l'ensemble des idées que nous venons de résumer brièvement, nous verrons qu'à chacun des degrés que nous avons parcouru, il y a toujours deux contraires opposés l'un à l'autre : le *bien* et le *mal*, — l'*ordre* et la *défense*, — la *vertu* et le *vice*, — le *mérite* et le *démérite*, — le *plaisir* et la *douleur*, — la *récompense* et la *punition.*

La vie humaine se présente donc sous deux aspects. L'homme peut choisir entre les deux. Ce pouvoir est la liberté. Ce choix est difficile et laborieux : il exige de nous d'incessants efforts. C'est pourquoi la vie est dite une *épreuve,* et elle est souvent représentée comme un *combat.* Il ne faut donc pas se la représenter comme un jeu, mais comme un mâle et vaillant effort. La lutte en est la condition, la paix en est le prix.

CHAPITRE II

LE PLAISIR ET LE BIEN

Nous venons de voir que l'homme est naturellement entraîné vers le plaisir; et l'on est tenté de croire que c'est là le seul véritable bien. Le bien, en effet, n'est-il pas le bonheur? et le bonheur n'est-il pas dans le plaisir? La morale peut-elle avoir un autre but que de nous apprendre à être heureux?

On peut affirmer sans aucun doute que la morale nous apprend à être heureux et nous met sur le chemin du vrai bonheur. Mais ce n'est pas, comme on pourrait le croire, en obéissant à cette loi aveugle de la nature qui nous porte au plaisir que l'on sera véritablement heureux. Le chemin qu'indique la morale est moins facile, mais il est plus sûr.

De très-simples réflexions suffiront à nous faire voir qu'on ne peut dire d'une manière absolue que le plaisir soit le *bien* et que la douleur soit le *mal*. L'expérience et le raisonnement ont facilement raison de cette opinion.

1° Le plaisir n'est pas toujours un bien, et même il peut devenir un véritable mal, selon les circonstances. Réciproquement toute douleur n'est pas toujours un mal, et peut même devenir un grand bien. Ainsi nous voyons d'un côté que les plaisirs de l'intempérance amènent avec eux la maladie, la perte de la santé et de la raison, l'abréviation de la vie. Les plaisirs de la paresse amènent avec eux la pauvreté, l'inutilité, le mépris des hommes. Les plaisirs de la vengeance et du crime amènent à leur suite le châtiment, le remords, etc. Réciproquement on voit les douleurs et les épreuves les plus pénibles amener à leur suite des biens évidents. L'amputation nous sauve la vie, le travail énergique et pénible donne l'aisance, etc. Dans ces différents cas, si l'on considère les résultats, c'est le plaisir qui est un mal, c'est la douleur qui est un bien.

2° Il faut ajouter que parmi les plaisirs, les uns sont bas, honteux et vulgaires, par exemple les plaisirs de l'ivresse; les autres nobles et généreux par exemple, l'héroïsme du soldat. Parmi les plaisirs de l'homme, il en est qui lui sont communs avec les bêtes, d'autres qui sont propres à l'homme. Mettra-t-on sur la même ligne les uns et les autres?

3° Il y a des plaisirs très-vifs, mais qui sont passagers et fugitifs, comme les plaisirs des passions. Il y en a d'autres qui sont durables et continus, comme ceux de la santé, de la sécurité, de l'aisance, de la considération. Sacrifiera-t-on ces plaisirs qui durent toute la vie à des plaisirs qui ne durent qu'une heure?

4° D'autres plaisirs sont très-vifs, mais également incertains et livrés au hasard, par exemple les plaisirs de l'ambition ou les plaisirs du jeu; d'autres au contraire, plus calmes et moins enivrants, mais plus sûrs, par exemple les plaisirs de la famille.

Ainsi les plaisirs peuvent être comparés sous le rapport de la *certitude,* de la *pureté,* de la *durée,* de l'*intensité,* etc. L'expérience nous apprend qu'il ne faut pas rechercher les plaisirs sans choix et sans distinction, qu'il faut user de sa raison pour les comparer entre eux, sacrifier le présent incertain et passager à un avenir durable, préférer les plaisirs simples et paisibles, non suivis de regrets, aux plaisirs tumultueux et dangereux des passions, etc, en un mot sacrifier l'*agréable* à l'*utile*.

CHAPITRE III

L'UTILE ET L'HONNÊTE

On doit préférer, nous venons de le voir, l'*utile* à l'*agréable;* mais l'utile lui-même ne doit pas être confondu avec le vrai bien, c'est-à-dire avec l'*honnête*.

Expliquons les différences de ces deux idées.

1° Il n'y a pas d'honnêteté ou de bien moral sav., *désintéressement;* et l'homme qui ne cherche en tout que son intérêt personnel est flétri par tous sous le nom d'*égoïste*.

2° L'intérêt ne donne que des *conseils*, la moralité donne des *ordres*. On n'est pas tenu d'être un habile homme, mais on est tenu d'être un honnête homme.

3° L'intérêt personnel ne peut fonder aucune loi universelle et générale, s'appliquant aux autres comme à nous-mêmes, car le bonheur de chacun dépend de sa manière de voir. Chacun prend son plaisir où il le trouve et entend son intérêt comme il lui plaît. Mais l'honnête ou le juste est le même pour tous.

4° L'honnête est *clair* et *évident*; l'utile est *incertain*. La conscience déclare à chacun ce qui est bien ou mal; mais il faut une expérience très-exercée pour calculer toutes les conséquences possibles de nos actions, et souvent même il nous serait absolument impossible de les prévoir. Nous ne savons donc pas ce qui nous sera utile; nous savons toujours ce qui est bien.

5° Il n'est jamais impossible de faire le bien; mais on ne peut pas toujours faire ce que l'on désire pour être heureux. Le prisonnier peut toujours supporter courageusement sa prison; mais il ne peut pas en sortir.

6° Le jugement que l'on porte sur soi-même diffère selon le principe d'action que l'on admet. Celui qui a *perdu* au jeu peut *s'affliger* sur lui-même et sur son imprudence; mais celui qui a conscience d'avoir *trompé* au jeu (quoiqu'il ait gagné par ce moyen) doit se *mépriser* lui-même lorsqu'il se juge au point de vue de la loi morale. Cette loi doit donc être autre chose que le principe du bonheur personnel. Car, pour pouvoir se dire à soi-même : « Je suis un *misérable*, quoique j'aie rempli ma bourse », il faut un autre principe que pour se féliciter soi-même et se dire : « Je suis un homme *prudent*, car j'ai enrichi ma caisse. »

7° L'idée de *punition* ou de châtiment ne s'expliquerait pas non plus si le bien n'était que l'utile. On ne punit point un homme d'avoir été *maladroit;* on le punit d'avoir été *coupable*.

CHAPITRE IV

L'HONNÊTE

Nous venons de voir que ni le plaisir, ni l'utilité ne sont l'objet légitime et suprême de la vie humaine. Sans doute, il est permis de chercher le plaisir, puisque la nature nous y invite; mais nous ne devons pas y borner notre destinée; sans doute, il est aussi permis, et même quelquefois ordonné, de rechercher ce qui nous est utile, puisque la raison veut que nous cherchions à nous conserver. Mais au-dessus du plaisir et de l'utilité, il y a un autre but, un but supérieur, qui est le véritable objet que doit se proposer la vie humaine. Ce but supérieur et dernier est ce que l'on appelle le *bien*, l'*honnête*, le *juste*, selon les circonstances.

Qu'est-ce donc que l'*honnête?*

On distingue dans l'homme une double nature : le *corps* et l'*âme;* et dans l'âme elle-même deux parties, l'une supérieure, l'autre inférieure : l'une à laquelle on réserve plus particulièrement le nom d'âme, l'autre plus charnelle, plus matérielle s'il est permis de dire, et qui se rapproche du corps, d'un côté l'*intelligence*, les *sentiments*, la *volonté*, de l'autre les *sens*, les *appétits*, et les *passions*. Or, ce qui distingue l'homme de l'animal, c'est de s'élever au-dessus des sens, des appétits et passions, et d'être capable de penser, d'aimer et de vouloir.

Ainsi le bien moral consiste à préférer en nous ce qu'il

y a de meilleur à ce qu'il y a de moindre, les biens de l'âme aux biens du corps, la dignité de la nature humaine à la servitude des passions animales, les nobles affections du cœur aux penchants d'un vil égoïsme.

En un mot, le bien moral consiste pour l'homme à devenir vraiment homme, c'est-à-dire « une volonté libre, guidée par le cœur, éclairée par la raison. »

Le bien moral prend différents noms, selon les rapports que l'on considère. Par exemple, lorsque l'on a surtout pour objet l'homme individuel, dans son rapport avec lui-même, le bien devient ce qu'on appelle proprement l'*honnête*, et a surtout pour objet la dignité personnelle. Par rapport aux autres hommes, le bien prend le nom de *juste*, et a surtout pour objet le bonheur d'autrui. Il consiste, soit à ne pas faire à autrui ce qu'on ne voudrait pas qu'il nous fût fait à nous-mêmes, soit à faire à autrui ce que nous voudrions qu'il nous fût fait à nous-mêmes. Enfin, par rapport à Dieu, le bien s'appelle le *pieux* ou le *saint*, et consiste à rendre au père des hommes et de l'univers ce qui lui est dû.

Ainsi l'*honnête*, le *juste* et le *saint* sont les différents noms que prend le bien moral, selon que nous nous considérons nous-mêmes, ou les autres hommes, ou Dieu.

Sous ces formes différentes le bien moral se présente toujours avec le même caractère, c'est-à-dire qu'il nous impose l'*obligation* ou le *devoir* de l'accomplir.

CHAPITRE V

LE DEVOIR

Le bien moral ou l'honnête ne peut être conçu par nous sans être reconnu immédiatement pour le *vrai bien*, le *souverain bien*. Et en effet, que peut-il y avoir de meilleur pour l'homme que d'être vraiment homme, c'est-à-dire de jouir des vraies facultés humaines, de celles qui le distinguent de l'animal. Aucun homme ne consentirait volontairement à être changé en bête, à devenir idiot, fou, à tomber dans le délire, etc. ; et cependant c'est là précisément ce qui arrive, lorsqu'on obéit volontairement à toutes ses passions, toute passion étant véritablement un délire. On peut sans doute, par faiblesse, être entraîné au mal ; mais il est impossible de ne pas aimer le bien plus que le mal, quand on le connaît véritablement.

Le bien moral (c'est-à-dire l'honnête, le juste et le saint indivisiblement unis) étant notre vrai bien, et même tout notre bien, il s'ensuit manifestement qu'il est le dernier but, le vrai but de la vie humaine.

Si l'homme n'était que pure raison et pur amour (comme on dit que sont les saints), il se porterait aussi naturellement vers l'honnête, le saint et le juste qu'il se porte actuellement vers le plaisir ou vers l'utilité. Mais l'homme étant double comme nous l'avons vu, étant lié au corps et à l'animalité d'un côté, comme il est lié de l'autre à Dieu, à la vérité et à la justice, il s'ensuit qu'il y a en lui une guerre intestine, et que sa raison d'un côté lui montre le bien, tandis que sa passion l'entraîne au plaisir.

Cette loi, qui nous conduit au bien, et qui, si l'homme était tout esprit, ne serait qu'une loi de liberté et d'amour, prend la forme, lorsqu'elle s'oppose aux passions, d'une *contrainte*, d'un *ordre*, d'une *nécessité*. Elle prend une forme *impérative* ou *prohibitive* : elle est un *commandement* ou une *défense* : « fais le bien, » « ne fais pas le mal. » Telle est sa formule. Elle parle ainsi comme un législateur, comme un maître. C'est ce qu'on appelle le *devoir*.

Cependant cette contrainte est une *contrainte morale*; et elle se distingue de la contrainte *physique* en ce que celle-ci est fatale et irrésistible, tandis que la contrainte que nous impose le devoir est subie par notre raison sans violenter la liberté. Ce genre de nécessité qui ne s'impose qu'à la raison, sans contraindre la volonté, est l'*obligation* morale.

Dire que le bien est obligatoire, c'est donc dire que nous nous considérons comme *tenus* de l'accomplir, sans y être *forcés*. Au contraire, dès que nous l'accomplirions par force, il cesserait d'être le bien. Il doit donc être librement accompli, et le devoir peut être défini une *nécessité consentie*.

Le devoir a deux caractères : il est *absolu* et *universel*.

1° Il est absolu : c'est-à-dire qu'il nous commande sans condition, sans tenir compte de nos désirs, de nos passions, de nos intérêts. Par là les *ordres* du devoir se distinguent, comme nous l'avons déjà vu, des *conseils* de la prudence intéressés. Les règles où les calculs de la prudence ne sont que des *moyens* pour atteindre un certain but, qui est l'utile. La *loi* du devoir, au contraire, est à elle-même son *but.* Ici, la loi doit être obéie pour elle-même, et non pour aucune autre raison. La prudence dit : « Qui veut la fin veut les moyens. » Le devoir dit : « Fais ce que dois, advienne que pourra. »

2° De ce premier caractère s'en déduit un second : le devoir étant absolu, est *universel*, c'est-à-dire qu'il s'applique à tous les hommes de la même manière, dans les mêmes circonstances ; d'où il suit que chacun doit reconnaître que cette loi s'impose à lui-même aussi bien qu'aux autres hommes. De là ces deux belles maximes de l'Évangile : « Fais à autrui ce que tu voudrais qu'on te fît à toi-même. — Ne fais pas à autrui ce que tu ne voudrais pas qu'on te fît à toi-même. »

La loi du devoir n'est pas seulement obligatoire par elle-même ; elle l'est encore parce qu'elle dérive de Dieu, qui a voulu, dans sa justice et dans sa bonté, que nous y fussions soumis. Dieu étant lui-même l'être absolument parfait, et nous ayant créés à *son image*, a voulu par là même que nous fissions nos efforts pour *l'imiter* le plus possible ; et en nous donnant l'être, il nous a imposé l'obligation d'être vertueux. C'est donc à Dieu même que nous obéissons, en obéissant à la loi de l'honnête et du devoir.

CHAPITRE VI

LA CONSCIENCE MORALE

Une loi ne peut commander à aucun agent sans lui être connue, sans qu'elle lui soit présente, c'est-à-dire sans qu'il l'accepte comme vraie, et en reconnaisse l'application nécessaire dans chaque cas particulier. Cette faculté de reconnaître la loi morale et de l'appliquer à toutes les circonstances qui se présentent, est ce que l'on appelle la *conscience*.

La conscience est donc l'acte de l'esprit par lequel nous appliquons à un cas particulier, à une action *à faire* ou à une action *faite*, les règles générales données par la morale. Elle est le pouvoir qui ordonne et elle est aussi le juge intérieur qui condamne ou qui absout. D'un côté, elle *dicte* ce qu'il faut faire ou éviter ; de l'autre, elle *juge* ce qui a été fait. Elle est par là la condition de l'accomplissement de tous nos devoirs.

La conscience étant le jugement pratique qui, dans chaque cas particulier décide du bien et du mal, on ne peut demander à chaque homme qu'une chose : c'est d'agir suivant sa conscience. Une fois le moment de l'action venu, il n'y a plus d'autre règle que celle-là. Mais il faut prendre bien garde de ne pas chercher à obscurcir soit en soi-même, soit dans les autres, par des doutes subtils, les décisions nettes et distinctes de la conscience.

Souvent en effet, pour s'étourdir lorsqu'ils veulent

accomplir certaines mauvaises actions, les hommes combattent leur propre conscience par des sophismes. Sous l'influence de ces sophismes, la conscience devient *erronée;* c'est-à-dire qu'elle finit par prendre le bien pour le mal, et le mal pour le bien, et c'est même l'un des châtiments de ceux qui s'engagent dans la voie du vice, de devenir à la longue incapables de discerner le bien du mal. Lorsque l'on dit d'un homme qu'il *n'a pas de conscience,* ce n'est pas qu'il en soit réellement privé (car alors il ne serait pas un homme); c'est qu'il a pris l'habitude de ne pas la consulter, ou de mépriser ses arrêts.

On appelle conscience *ignorante,* celle qui fait le mal, parce qu'elle n'a pas encore la conscience du bien. Ainsi, l'enfant qui tourmente les animaux ne le fait pas toujours par méchanceté; il ignore ou il ne pense pas qu'il les fait souffrir. Ainsi des sauvages qui, dit-on, tuent leurs vieux pères quand ils ne peuvent plus les nourrir : ils croient et ils veulent leur faire du bien en les empêchant de souffrir de la faim. Au reste, il en est du bien comme du mal: l'enfant est bon ou méchant avant d'avoir le discernement de l'un ou de l'autre. C'est ce que l'on appelle l'état d'innocence, qui est en quelque sorte le sommeil de la conscience. Mais cet état ne peut durer; il faut éclairer la conscience de l'enfant, et en général la conscience des hommes. C'est le progrès de la raison humaine qui nous apprend chaque jour à mieux connaître la différence du bien et du mal.

Il arrive quelquefois que l'on est en quelque sorte partagé entre deux consciences; non pas bien entendu entre le devoir et la passion, ce qui est le combat moral par excellence, mais entre deux ou plusieurs devoirs. C'est ce qu'on appelle la conscience *douteuse* ou *perplexe*. Dans ce cas, la règle la plus simple, quand elle est praticable, est celle qui est exprimée par cette maxime célèbre : *Dans le doute, abstiens-toi*. Dans les cas où il est impossible de s'abstenir absolument, et où il faut non-seulement agir, mais choisir, la règle sera alors de toujours choisir le parti qui est le moins conforme à votre intérêt, car nous pouvons toujours supposer que ce qui rend notre conscience douteuse c'est un motif intéressé, inaperçu. S'il n'y a d'intérêt ni d'un côté ni de l'autre, il ne reste plus alors qu'à se décider selon les circonstances. Mais il est bien rare que la conscience se trouve dans cet état de doute absolu, et presque toujours il y a plus de raison d'un côté que de l'autre. La règle la plus simple alors, et la plus générale est de choisir toujours le parti le plus probable.

CHAPITRE VII

LE SENTIMENT MORAL

En même temps que l'*esprit* distingue entre le bien et le mal par un *jugement* que l'on appelle la conscience, le *cœur* éprouve des émotions, ou affections diverses, que l'on embrasse sous le nom commun de *sentiment moral*. Ce sont les plaisirs ou les douleurs qui naissent en notre âme, à la vue du bien ou du mal, soit en *nous-mêmes*, soit en *autrui*.

Relativement à nos propres actions, les sentiments se modifient suivant que l'action est à faire ou qu'elle est faite. Dans le premier cas, nous éprouvons d'un côté un certain attrait pour le bien (quand la passion n'est pas assez forte pour l'étouffer), et de l'autre une répugnance ou aversion pour le mal (plus ou moins atténuée selon les circonstances par l'habitude ou par la violence du désir). Ces deux sentiments n'ont pas reçu de l'usage des noms particuliers.

Lorsqu'au contraire l'action est accomplie, le plaisir qui en résulte, si nous avons bien agi, est appelé *satisfaction morale*, et si nous avons mal agi, *remords* ou *repentir*.

Le remords est la douleur cuisante, et, comme l'indique le mot, la *morsure* qui torture le cœur après une action coupable. Cette souffrance peut se rencontrer chez ceux-là mêmes qui n'ont aucun regret d'avoir mal fait et qui recommenceraient encore. Il n'a donc aucun caractère moral, et doit être considéré comme une sorte de châtiment infligé au crime par la nature même. « La malice, a dit Montaigne, s'empoisonne de son propre venin. Le vice laisse comme un ulcère en la chair, une repentance en l'âme, qui toujours s'égratigne et s'ensanglante elle-même. »

Le *repentir* est aussi, comme le remords, une souffrance qui naît de la mauvaise action; mais il s'y joint le *regret* de l'avoir accomplie, et le *désir* (sinon la ferme résolution) de ne plus l'accomplir.

Le repentir est une tristesse de l'âme ; le remords

est une torture et une angoisse. Le repentir est déjà presque une vertu; le remords est un châtiment; mais l'un conduit à l'autre, et celui qui n'a point de remords ne peut avoir de repentir.

La *satisfaction morale*, au contraire est une paix, une joie, une vive et délicieuse émotion, qui naît du sentiment d'avoir accompli son devoir. C'est le seul paiement qui jamais ne nous manque.

Parmi les sentiments qui sont provoqués par nos propres actions, il y en a deux qui sont les auxiliaires naturels du sentiment moral, c'est le sentiment de l'*honneur*, et le sentiment de la *honte*.

« L'honneur est un principe qui nous détermine à faire les actions qui nous relèvent à nos propres yeux, et à éviter celles qui nous abaissent.

La honte est le sentiment opposé à celui de l'honneur; c'est ce que nous éprouvons quand nous avons fait quelque action qui nous abaisse non-seulement aux yeux des autres, mais aux nôtres propres. Tout remords est plus ou moins accompagné de honte : cependant la honte est plus grande pour les actions qui semblent le signe d'une certaine bassesse d'âme. Par exemple, on sera plus honteux d'avoir menti que d'avoir frappé, d'avoir trompé au jeu que de s'être battu en duel.

L'honneur et la honte ne sont donc pas toujours une mesure exacte de la valeur morale des actions; car pour peu qu'elles aient quelque éclat, l'homme a bien vite fait d'en dépouiller toute honte; c'est ce qui a lieu, par exemple, pour la prodigalité, pour le désordre, pour l'ambition. On fait le mal, non sans remords, mais avec une certaine ostentation qui étouffe le sentiment de la honte.

Passons aux sentiments que nous font éprouver les actions des autres hommes.

Sympathie, antipathie, bienveillance, estime, mépris, respect, enthousiasme, indignation, telles sont les diverses expressions par lesquelles nous exprimons les divers sentiments de l'âme en présence de la vertu et du vice.

La *sympathie* est la disposition à ressentir les mêmes impressions que les autres hommes; sympathiser avec leur joie, c'est partager cette joie; sympathiser avec leur douleur, c'est partager cette douleur. Il peut arriver que l'on sympathise avec les défauts des autres hommes, lorsqu'ils sont les mêmes que les nôtres, mais, en général, les hommes sympathisent surtout avec les bonnes qualités, et n'éprouvent que de l'antipathie pour les mauvaises. Au théâtre, tous les spectateurs, bons ou mauvais, veulent voir la vertu récompensée et le crime puni. Le contraire de la sympathie est l'*antipathie*.

La *bienveillance* est la disposition à vouloir du bien aux autres hommes. L'*estime* est une sorte de bienveillance mêlée de jugement et de réflexion que nous éprouvons pour ceux qui ont bien agi, s'il s'agit surtout des vertus moyennes et convenables; s'il s'agit de vertus plus hautes et plus difficiles, l'estime devient du *respect;* s'il s'agit d'héroïsme, le respect se complique d'*admiration* et d'*enthousiasme;* l'admiration étant le sentiment d'étonnement que nous fait éprouver tout ce qui est nouveau et grand, et l'enthousiasme étant le même sentiment de plus en plus passionné et nous enlevant à nous-mêmes comme si un dieu était en nous (1).

(1) Le mot enthousiasme vient d'un mot grec qui signifie être rempli de Dieu.

Le *mépris* est le sentiment d'aversion que nous éprouvons pour celui qui agit mal; il implique surtout qu'il s'agit d'actions basses et honteuses. Lorsqu'il s'agit d'actions condamnables, mais non odieuses, le sentiment que nous éprouvons est celui du *blâme*, qui, comme l'estime, est plus près d'être un jugement qu'un sentiment. Quand il s'agit enfin d'actions criminelles et révoltantes, le sentiment qu'elles provoquent est l'*horreur* ou l'*exécration*.

CHAPITRE VIII

LA LIBERTÉ

Nous avons dit déjà que l'homme ou l'*agent moral* est *libre*, lorsqu'il est en état de *choisir* entre le bien et le mal, et de faire l'un et l'autre à son gré.

La liberté suppose toujours la possession de soi-même. L'homme est libre à l'état de veille, à l'état de raison, à l'état adulte. Il n'est pas libre, ou il ne l'est que très-peu dans le sommeil, dans le délire, dans la première enfance.

La liberté est attestée à l'homme :

1° Par le *sentiment intérieur* qui accompagne chacun de ses actes : par exemple, au moment d'agir, je sens que je puis vouloir, ou ne pas vouloir telle action; si je m'y engage, je sens que je puis la suspendre, tant qu'elle n'est pas entièrement exécutée; quand elle est achevée, j'ai la conviction que j'aurais pu agir autrement.

2° Par le fait même de la *loi morale*, ou du devoir : Je *dois*, donc je *puis*. A l'impossible, nul n'est tenu. Si donc il y a en moi une loi qui m'ordonne de faire le bien et de fuir le mal, c'est que je puis faire l'un ou l'autre à ma volonté.

3° Par la *satisfaction morale* qui accompagne une bonne action, par le *remords* ou le *repentir* qui suivent les mauvaises. En effet, on ne se félicite pas d'une chose qu'on a faite malgré soi, et l'on ne se reproche pas une action que l'on a faite, poussé par une fatalité irrésistible. Le premier mot de tous ceux à qui on reproche une mauvaise action, c'est qu'ils ne l'ont point fait *exprès*, avec *intention*. Ils reconnaissent donc par là qu'on ne peut reprocher une action qu'à celui qui a voulu la faire, c'est-à-dire qui l'a faite librement.

4° Par les *récompenses* et les *peines*, et en général par la *responsabilité* morale, qui s'attache à toutes nos actions, quand elles ont été accomplies en connaissance de cause. On ne punit pas les actions qui sont le résultat de la contrainte et de l'ignorance.

5° Par les *exhortations* ou conseils que nous donnons aux autres hommes. On n'exhorte pas un homme à avoir chaud ou froid, à ne pas souffrir de la faim et de la soif : car on sent bien que cela ne dépend pas de lui. Mais on l'exhorte à être honnête homme, parce qu'on croit qu'il peut l'être s'il le veut.

6° Par les *promesses* : nul ne s'engage à ne pas mourir, à ne pas être malade, etc., mais on promet d'être présent à un rendez-vous, de payer telle somme, tel jour, à tel homme, parce qu'on sent bien qu'on le peut, sauf les circonstances de force majeure.

Préjugés contre la liberté. — Quoique les hommes, nous l'avons vu, aient un sentiment très-vif de la liberté et qu'ils trahissent ce sentiment par leurs actes, leurs jugements, leurs approbations ou leurs blâmes, etc., d'un autre côté cependant, ils cèdent souvent à l'empire de certains préjugés qui semblent contredire la croyance universelle dont nous venons de parler.

1° *Le caractère.* — Le principal de ces préjugés est l'opinion souvent émise que chaque homme est entraîné par son *caractère* propre à accomplir les actions qui sont d'accord avec ce caractère, et que l'on ne peut rien contre cette nécessité irrésistible de la nature; c'est ce qu'on exprime souvent par cet axiome vulgaire : « On ne se refait pas soi-même. » C'est ce que le poëte a exprimé également par ce vers célèbre : « Chassez le naturel, il revient au galop (1). »

Rien n'est plus inexact en fait, de plus dangereux en principe que cette prétendue immutabilité des caractères humains, qui rendrait le mal irrémédiable et incorrigible. L'expérience nous apprend le contraire. Nul homme n'est absolument privé d'inclinations bonnes ni d'inclinations mauvaises; il peut développer les unes et les autres et choisir entre elles.

2° *Les habitudes.* — Les habitudes deviennent, il est vrai, à la longue, presque irrésistibles. C'est un fait qui

---

(1) Vers du poëte Destouche.
Lafontaine a dit dans le même sens :

Vous lui fermez la porte au nez
Il reviendra par la fenêtre.

a été souvent observé ; mais, d'une part, si une habitude invétérée est irrésistible, il n'en est pas de même d'une habitude qui commence ; et ainsi l'homme reste libre de prévenir l'envahissement des mauvaises habitudes. C'est pourquoi les moralistes nous conseillent surtout de veiller à l'origine de nos habitudes. « Prends surtout garde aux commencements. »

3° *Les passions.* — Les passions ont eu surtout le privilège de passer pour indomptables et irrésistibles. Tous les grands pécheurs s'excusent sur l'entraînement fatal des passions. « L'esprit est prompt, la chair est faible », est-il dit dans l'Évangile. Les observations que nous venons de faire sur les habitudes s'appliquent également aux passions. Il est rare que les passions se manifestent subitement avec cet excès de violence, qui, lorsqu'il est inattendu et éclate comme un délire, peut avoir en effet les apparences de la fatalité. Mais, en général, la passion croit et grandit peu à peu. « Quelques crimes toujours précèdent les grands crimes. » C'est surtout quand les premières atteintes de la passion commencent à se montrer qu'elle doit être combattue avec énergie.

4° *L'éducation* et les *circonstances.* — L'éducation que l'on a reçue, les circonstances dans lesquelles on se trouve peuvent limiter la liberté des hommes ; et ils ne sont pas toujours entièrement responsables des impulsions qu'ils doivent à l'exemple et aux mauvais principes dans lesquels ils ont été nourris. Ce seront là, si l'on veut, des *circonstances atténuantes*, mais qui ne vont pas jusqu'à supprimer entièrement la liberté et la responsabilité.

Mais tout en faisant la part aussi large que possible aux *circonstances atténuantes* dans l'appréciation des *actes d'autrui*, nous devons au contraire la faire aussi stricte et aussi étroite que possible dans le gouvernement de nous-mêmes. En effet, personne n'ayant une mesure fixe qui lui permette de fixer d'une manière absolue sa force morale, il vaut mieux viser plus haut que plus bas. Il faut se guider par ce principe que rien n'est impossible à qui le veut bien, « car on peut quand on croit pouvoir. »

En résumé, la liberté n'est autre chose que la *force morale*. L'expérience atteste que l'homme peut devenir le maître de la nature physique qu'il soumet à ses desseins; il peut devenir le maître de son propre corps, il peut devenir le maître de ses passions, le maître de ses habitudes, le maître de son propre caractère, en un mot, il peut être « maître de lui-même. » En remontant ainsi de proche en proche de la nature extérieure au corps, du corps aux passions, des passions aux habitudes et au caractère, nous arrivons ainsi jusqu'à un ressort premier, qui meut tout sans être mû : c'est la liberté.

CHAPITRE IX

LE MÉRITE ET LE DÉMÉRITE

On appelle *mérite* la qualité en vertu de laquelle un agent moral se rend *digne* d'une récompense ; et le *dé-*

mérite, la qualité par laquelle un agent moral se rendrait en quelque sorte digne de punition.

Le mérite d'une action se mesure : 1° par la difficulté de l'action; 2° par l'importance du devoir.

1° Pourquoi, par exemple, a-t-on en général très-peu de mérite à ne pas s'approprier le bien d'autrui au moins sous cette forme grossière que l'on appelle le vol? Parce que l'éducation sur ce point nous a tellement façonnés, que la plupart des hommes n'éprouvent aucune tentation de ce genre, et que, eût-on une tentation semblable, on aurait même honte d'en revendiquer publiquement le mérite.

Pourquoi y a-t-il un grand mérite à sacrifier sa vie au bonheur des autres hommes? Parce que nous avons une très-vive attache à la vie, et un sentiment relativement très-faible d'amour pour les hommes en général : sacrifier ce que nous aimons beaucoup à ce que nous aimons peu, par une vue de devoir, est évidemment très-difficile; c'est pourquoi nous trouvons dans cette action un très-grand mérite.

Supposez qu'un homme, ayant joui en toute sûreté de conscience pendant une longue vie d'une grande fortune qu'il croit sienne, et dont il fait le plus noble usage, apprenne tout à coup au seuil de la vieillesse, que cette fortune n'est pas à lui. Supposez, pour rendre l'action plus difficile, qu'il le sache seul, et puisse par conséquent, en toute sécurité, la garder, s'il le veut : aggravez la situation en supposant que cette fortune appartient à des héritiers dans la misère, et que ce dépositaire, une fois dépouillé, soit lui-même réduit à la dernière misère. Imaginez enfin toutes les circonstances qui rendent à la fois le devoir, et plus strict, et plus difficile ; vous aurez alors une action dont le mérite sera très-grand.

2° Ce n'est pas seulement la difficulté de l'action qui en fait le mérite : c'est l'importance même du devoir. Ainsi le mérite de la difficulté vaincue n'a pas plus de valeur en morale qu'en poésie quand il est tout seul. On peut sans doute s'imposer une sorte de gymnastique morale, et par conséquent des épreuves très-difficiles, quoique inutiles en définitive ; mais ce n'est qu'à titre d'épreuves et d'exercices, et non pas comme devoirs ; et encore faudra-t-il que ces épreuves aient quelques rapports à la vie que l'on est appelé à mener. Par exemple, qu'un missionnaire appelé à braver toute sa vie tous les climats, tous les dangers, s'y exerce d'avance par des entreprises hardies et téméraires, de telles entreprises sont raisonnables et méritoires. Mais celui qui par bravade, par ostentation, sans aucun but scientifique, s'imposerait de gravir des montagnes inaccessibles, de traverser un bras de mer à la nage, de lutter ouvertement avec des bêtes féroces, etc., accomplirait des actions qui ne seraient pas sans mérite, puisqu'elles seraient courageuses, mais dont le mérite n'équivaudrait pas à celui que nous attribuerions à d'autres actions, moins difficiles, mais plus sages.

Quant au démérite, il est en raison de la gravité des devoirs et de la facilité de les accomplir. Plus un devoir est grave et facile, plus on est coupable d'y manquer.

D'après ces principes, on peut déterminer, comme il suit, l'évaluation des actions morales.

Les actions humaines, avons-nous dit, se divisent en deux classes : les *bonnes* et les *mauvaises*. C'est une question entre les moralistes de savoir s'il y en a *d'indifférentes*.

Parmi les actions bonnes, les unes sont *belles, héroïques, sublimes*, les autres, *convenables, droites* et *honnêtes*; parmi les mauvaises, les unes sont simplement *condamnables*, les autres, *honteuses, hideuses, criminelles*; enfin, parmi les indifférentes, les unes sont *agréables* et *permises*, les autres sont *nécessaires* et *inévitables*.

Donnons quelques exemples pour bien faire comprendre ces différents caractères des actions humaines.

Un juge qui rend la justice sans partialité, un marchand qui ne vend sa marchandise que ce qu'elle vaut, un débiteur qui s'exécute régulièrement avec son créancier, un soldat exact à la manœuvre, obéissant à la discipline et fidèle à son poste en temps de paix, un écolier qui fait régulièrement le devoir qui lui a été commandé, toutes ces personnes accomplissent des actions bonnes et louables, mais non extraordinaires. On les approuve, on ne les admire pas. Diriger économiquement sa fortune, ne pas trop accorder aux plaisirs des sens, ne pas mentir, ne pas blesser ou frapper nos semblables, sont autant d'actions bonnes, droites, convenables, dignes d'estime non d'admiration.

A mesure que les actions deviennent plus difficiles, elles deviennent plus belles; et si elles sont extrêmement difficiles et périlleuses, on les appelle héroïques et sublimes; pourvu d'ailleurs qu'elles soient bonnes: car on emploie quelquefois malheureusement l'héroïsme à faire le mal. Celui qui, comme le président de Harlay, dit en face à un usurpateur tout-puissant: « C'est grand pitié quand le valet chasse le maître. » Celui qui, comme le vicomte d'Orte, répondit à Charles IX après la Saint-Barthélemy « mes soldats ne sont pas des bourreaux : » celui qui, comme Boissy-d'Anglas, maintient d'une manière ferme et inébranlable le droit d'une assemblée en face des violences sanguinaires d'une populace ameutée ; celui qui, comme Morus ou Dubourg, aime mieux mourir que sacrifier sa foi ; celui qui, comme Colomb, brave un océan inconnu et la révolte d'une troupe grossière et superstitieuse pour obéir à une conviction généreuse ; celui qui, comme Alexandre, croit assez à l'amitié pour recevoir des mains de son médecin une boisson que l'on dit empoisonnée ; tout homme qui se dévoue pour ses semblables, qui dans le feu, dans l'eau, dans les profondeurs de la terre brave la mort pour sauver la vie, qui pour répandre la vérité, pour rester fidèle à la bonne foi, pour servir ou la religion, ou la science, ou l'humanité, ne recule ni devant la faim et la soif, la misère, l'esclavage, les tortures ou la mort, est un *héros*.

Epictète était esclave. Son maître pour une négligence le fit frapper. « Vous allez me casser la jambe, » dit-il : ce fut ce qui arriva. « Je vous avais bien dit que vous la casseriez, » reprit paisiblement l'esclave. Voilà un héros. Jeanne d'Arc, vaincue, prisonnière, menacée du feu, disait en face à ses bourreaux : « Je sais bien que les Anglais me feront mourir ; mais fussent-ils cent mille goddem, ils n'auront pas ce royaume. » Voilà une héroïne.

Les actions mauvaises ont également leurs degrés. Mais ici il est assez digne de remarque que les plus détestables sont celles qui s'opposent aux actions simplement bonnes ; au contraire une action qui n'est pas héroïque n'est pas pour cela nécessairement mauvaise, et quand elle est mauvaise, elle n'est pas ce qu'il y a de plus criminel. Quelques exemples sont encore nécessaires pour comprendre ces nuances, dont tout le monde a le sentiment et que l'on reconnaît très-bien dans la pratique, mais qui sont assez difficiles à analyser théoriquement.

Être respectueux, par exemple, envers ses parents, c'est une action bonne et honnête, mais non héroïque. Au contraire, les frapper, les insulter, les tuer, sont des actions abominables, du nombre des plus basses et des plus hideuses que l'on puisse commettre. Aimer ses amis, leur rendre les services que l'on peut, est le fait d'une âme droite et bien douée ; mais cela n'a rien de sublime. Au contraire, trahir l'amitié, calomnier ceux qui nous aiment, mentir pour s'insinuer auprès d'eux, leur surprendre leurs secrets pour s'en servir contre eux, sont des actions noires, basses et honteuses. On ne se fait guère de mérite de ne pas prendre le bien d'autrui ; le vol, au contraire, est ce qu'il y a de plus méprisable. Maintenant, faiblir devant l'adversité, reculer devant la mort, ne pas affronter les glaces du pôle Nord, rester chez soi, quand l'incendie ou l'inondation menace nos frères, sont ou peuvent être des actions plates ou vulgaires, mais ce ne sont pas des actions criminelles. Ajoutons cependant qu'il est des cas où l'héroïsme est obligatoire, et où il est criminel de ne pas être sublime. Un capitaine de vaisseau qui a mis son navire en péril, et qui ne reste pas à son poste pour le sauver, un général qui ne sait pas mourir, s'il le faut, à la tête de son armée, un chef d'État qui, en temps de révolte ou de patrie menacée craint la mort, un président d'assemblée qui fuit devant l'émeute, un médecin qui fuit devant l'épidémie, un magistrat qui trahit la justice par peur, commettent des actions vraiment coupables. Chaque état a son héroïsme qui devient obligatoire dans un cas donné. Néanmoins, il sera toujours vrai de dire que plus une action est facile, moins il est excusable, et par conséquent, plus il est odieux de s'en affranchir.

Outre les actions bonnes et les actions mauvaises, il en est d'autres qui paraissent n'avoir ni l'un ni l'autre de ces deux caractères, ne sont ni mauvaises, ni bonnes et sont appelées pour cela indifférentes. Par exemple, aller se promener est une action qui considérée en elle-même, n'est ni bonne ni mauvaise, quoiqu'elle puisse devenir l'un ou l'autre selon les circonstances. Dormir, veiller, se nourrir, prendre de l'exercice, causer avec ses amis, lire un livre agréable, faire de la musique, sont des actions qui n'ont certainement rien de mauvais et que l'on ne citera pas néanmoins comme exemple des bonnes actions. On ne dira pas, par exemple : un tel est fort honnête homme, car il joue bien du violon. Un tel est un sage, parce qu'il a un bon appétit. A plus forte raison, s'il s'agit d'actions qui sont absolument nécessaires, comme l'acte de respirer et de dormir. Les actions qui tiennent aux nécessités mêmes de notre existence échappent par là à tout caractère moral : elles sont chez nous ce qu'elles sont chez les animaux ou chez les plantes, des actions purement naturelles. Il en est d'autres qui ne sont pas nécessaires, mais simplement agréables, et que nous faisons parce qu'elles s'accommodent avec nos désirs et nos goûts. Il suffit qu'elles ne soient pas contraires au bien, pour qu'on ne puisse pas dire qu'elles sont mauvaises; mais il ne s'ensuit pas qu'elles soient bonnes : et c'est ce qu'on appelle les actions indifférentes.

Telle est du moins l'apparence des choses : car à un point de vue plus élevé, les moralistes n'ont pas eu tort de dire qu'il n'y a pas d'action absolument indifférente, et que toutes, à quelque degré, suivant l'intention qui les accompagne, sont bonnes ou mauvaises, suivant la pensée dans laquelle on les accomplit.

CHAPITRE X

DE LA RESPONSABILITÉ MORALE

L'homme étant libre, est par là même *responsable* de ses actions : elles lui sont *imputables*. Ces deux expressions ont à peu près la même signification; seulement la responsabilité se dit de l'agent et l'imputabilité s'applique aux actions.

Les deux conditions fondamentales de la responsabilité morale sont : 1° la connaissance du bien et du mal; 2° la liberté d'action. Lors donc que ces deux conditions varieront, la responsabilité variera, et dans la même proportion. Il suit de là que :

1° L'idiotisme, la folie, les délires en cas de maladie, détruisant presque toujours à la fois les deux conditions de la responsabilité, à savoir le discernement et le libre arbitre, ôtent par là même tout caractère moral aux actions commises dans ces différents états : elles ne sont pas de nature à être imputées à l'agent. Cependant certains fous, n'étant pas tout à fait fous, peuvent conserver, dans leurs états lucides, une certaine part de la responsabilité.

2° L'ivresse peut-elle être considérée comme une cause d'irresponsabilité ? Non, sans doute ; car d'une part on est responsable du fait même de l'ivresse ; de l'autre, on sait qu'en se mettant dans un pareil état, on s'expose à toutes les suites, et par conséquent on les accepte implicitement. Par exemple, celui qui se met en état d'ivresse, consent d'avance à toutes les actions basses, grossières qui sont inséparables de cet état. Quant aux actions violentes et dangereuses qui en peuvent résulter accidentellement, comme les coups et les meurtres qui naissent de querelles, on ne peut pas sans doute les imputer à l'homme ivre avec la même sévérité qu'à l'homme sain ; car certainement il ne les a pas voulues explicitement en se mettant en état d'ivresse ; mais il n'en est pas non plus innocent, car il savait que c'était l'une des conséquences possibles de cet état. Quant à celui qui se met volontairement en état d'ivresse dans l'intention expresse de commettre un crime et afin de se donner du courage, il est évident que bien loin de diminuer par là sa part de responsabilité dans l'action, il l'augmente au contraire, puisqu'il fait des efforts pour écarter violemment tous les scrupules ou les hésitations qui auraient pu précisément arrêter le crime.

« 3° A l'impossible nul n'est tenu. » D'après ce principe, il est évident que l'on n'est pas responsable d'une action, si l'on a été dans l'impuissance absolue de l'accomplir. Ainsi on ne peut en vouloir à un paralytique, à un enfant, à un malade de ne pas prendre les armes pour défendre la patrie. Cependant il ne faut pas s'être mis volontairement dans l'impossibilité d'agir, comme feraient par exemple, ainsi qu'il arrivait souvent à Rome, ceux qui se coupaient le pouce pour ne pas porter les armes. De même le débiteur qui par des circonstances indépendantes de sa volonté (incendie, naufrage, épidémie) est mis hors d'état d'acquitter ses obligations, est excusable; mais s'il s'est engagé sachant qu'il serait dans l'impuissance de s'acquitter, cette impuissance ne serait pas une excuse.

4° Les qualités naturelles ou les défauts de l'esprit et du corps ne peuvent être imputés à personne, ni en bien ni en mal. Qui ferait des reproches à un homme, parce qu'il est aveugle de naissance ou parce qu'il l'est devenu à la suite d'une maladie ou d'un coup? Ainsi des défauts de l'esprit : nul n'est responsable de n'avoir pas de mémoire ou d'avoir peu d'esprit. Cependant comme ces défauts peuvent se corriger par l'exercice, on est plus ou moins responsable de ne pas faire d'efforts pour y remédier. Quant aux défauts ou difformités qui résulteraient de notre faute, par exemple, de nos passions, il est évident qu'ils peuvent nous être imputés à juste titre.

Les qualités naturelles ne sont pas davantage imputables à la personne. Ainsi l'on ne doit pas faire honneur à quelqu'un de sa force physique, de sa santé, de sa beauté, ou même de son esprit; et personne ne doit se vanter ou se faire honneur à soi-même de tels avantages. Cependant celui qui par une vie sage et laborieuse a réussi à conserver ou à développer sa force physique, ou qui, par ses efforts de volonté, a cultivé et perfectionné son esprit, mérite des éloges; et c'est ainsi qu'indirectement les avantages physiques et moraux peuvent devenir matière légitime à l'imputation morale.

5° Les effets des causes extérieures et les événements, quels qu'ils soient, ne sauraient être imputés à quelqu'un, ni en bien ni en mal, qu'autant qu'il pouvait et devait les amener, les empêcher ou les diriger, et qu'il a été soigneux ou négligent à leur égard. Ainsi on met sur le compte d'un laboureur une bonne ou mauvaise récolte, selon qu'il a bien ou mal travaillé à la culture dont il est chargé.

6° Une dernière question est celle de la responsabilité que l'homme peut avoir dans les actions d'autrui. En principe, sans doute, nul homme n'est responsable que de ses propres actions. Mais les actions humaines sont tellement liées les unes aux autres qu'il est bien rare que nous n'ayons pas quelque part directe ou indirecte dans la conduite des autres. Par exemple : 1° On est responsable dans une certaine mesure de la conduite de ceux qui nous sont soumis : Par exemple, un père de ses enfants, un maître de ses serviteurs, et dans une certaine mesure un patron de ses ouvriers; 2° on est responsable jusqu'à un certain point des actions qu'on aurait pu empêcher, lorsque par négligence ou paresse on ne l'a pas fait. Par exemple : si vous voyez un homme près de se tuer et que vous ne fassiez aucun effort pour l'en empêcher, vous n'êtes pas innocent de sa mort, à moins, bien entendu, que vous n'ayez pas deviné ce qu'il allait faire ; 3° vous êtes responsable de l'action d'autrui lorsque vous y avez coopéré soit par vos instigations, soit même par une simple approbation.

CHAPITRE XI

LA SANCTION MORALE

On appelle *sanction* d'une loi l'ensemble des récompenses et des peines attachées à l'exécution ou à la violation de la loi. Les lois civiles, en général, font plutôt usage des châtiments que des récompenses : car les peines peuvent paraître un moyen suffisant de faire exécuter la loi. Dans l'éducation au contraire, les commandements ou lois posées par le supérieur, ont autant besoin des récompenses que des punitions.

Mais que faut-il entendre par les termes de *récompenses* ou de *punitions?*

La récompense est le plaisir obtenu à la suite d'une action bonne ou vertueuse, pour cette seule raison qu'elle est bonne ou vertueuse.

C'est ainsi qu'il faut distinguer la récompense de deux

autres faits qui lui ressemblent, et qui en sont profondément différents : la *faveur* et le *salaire*.

La faveur est un plaisir ou avantage que l'on reçoit sans l'avoir ni mérité ni gagné, et par pur don de la bienveillance d'autrui. C'est ainsi qu'un roi accorde des faveurs à ses courtisans, que les puissants distribuent des faveurs. C'est ainsi que l'on parle des faveurs de la fortune. Quoiqu'en principe il n'y ait pas de raison pour entendre le mot faveur dans un mauvais sens, cependant il a fini dans l'usage par signifier non-seulement un avantage non mérité, mais un avantage immérité, non-seulement une préférence légitime qui a sa raison dans la sympathie, mais un choix arbitraire, plus ou moins contraire à la justice. Cependant, lors même qu'il ne s'y attache pas cette mauvaise signification, la faveur à titre de don gratuit se distinguera toujours de la récompense, qui implique au contraire une *rémunération*, c'est-à-dire un don en retour de quelque autre chose.

Cependant toute rémunération n'est pas nécessairement une récompense; et ici il faut établir une autre distinction entre la récompense et le *salaire*. Le salaire est le prix que nous payons en retour d'un service rendu. Peu importe le motif qui détermine un homme à nous rendre ce service; c'est l'utilité et rien autre chose que nous payons. La récompense au contraire implique l'idée d'un certain effort pour faire le bien. Celui qui nous a rendu service avec son cœur et par dévouement, refuserait d'en être *payé* par un salaire; et réciproquement celui qui nous vend son travail n'entend pas que le prix que nous en donnons soit une récompense de ses efforts, mais au contraire qu'il en ait l'équivalent en argent, la récompense laissant toujours une certaine latitude, comme tout ce qui est moral, tandis que le salaire se règle suivant la loi économique de l'offre et de la demande.

Réciproquement, on appellera *châtiment* ou *punition*, toute peine ou souffrance infligée à un agent pour une action mauvaise, par cela seul qu'elle est mauvaise. La punition s'oppose au *dommage* ou au *tort*, c'est-à-dire au mal immérité. Les *coups* de la fortune ou des hommes ne sont pas des punitions. On peut être *frappé* sans être puni. Quoi qu'on puisse dire d'une manière générale que les maux qui atteignent les hommes sont souvent les châtiments de leurs fautes, cependant il ne faudrait pas prendre cela à la rigueur : autrement on transformerait trop facilement les malheureux en coupables.

Quoique les récompenses et les peines puissent être secondairement des *moyens* de conduire au bien ou de détourner du mal, ce ne doit pas être là leur office essentiel, ni leur vraie idée.

Ce n'est pas *pour* que la loi s'accomplisse, qu'il doit y avoir en morale des récompenses et des châtiments; c'est *parce* qu'elle a été accomplie ou violée. Tel est le vrai principe de la récompense. Elle vient de la justice, non de l'utilité.

Par la même raison, le châtiment, dans sa vraie idée, ne doit pas être seulement une *menace* qui assure l'exécution de la loi, mais une *réparation* ou *expiation* qui en corrige la violation. L'ordre troublé par une volonté rebelle est rétabli par la souffrance qui est la conséquence de la faute commise. En un sens, on peut dire que la punition est le *remède* de la faute. En effet l'injuste et le vice étant comme les maladies de l'âme, il est certain que la souffrance en est le remède; mais c'est à la condition que cette souffrance soit acceptée à titre de châtiment. C'est ainsi que la douleur a une vertu purificative, et qu'au lieu d'être considérée comme un mal, elle peut être appelée un bien.

Une autre confusion d'idées qu'il faut également éviter, et qui est très-répandue parmi les hommes, c'est celle qui consiste à prendre pour le bien la récompense elle-même, et pour le mal, la punition.

C'est ainsi que les hommes sont plus fiers des titres et des honneurs, que du mérite véritable par lequel ils les ont conquis. C'est ainsi encore qu'ils craignent la prison plus que le délit, et la honte plus que le vice. C'est pourquoi il faut le plus grand courage pour supporter la punition imméritée.

On distingue habituellement quatre espèces de sanction :

1° La sanction naturelle; 2° la sanction légale; 3° la sanction de l'opinion; 4° la sanction intérieure.

1° La sanction naturelle est celle qui repose sur les conséquences naturelles de nos actions. Il est naturel que la sobriété entretienne et rétablisse la santé, que l'intempérance soit une cause de maladie. Il est naturel que le travail amène l'aisance, que la paresse soit une source de misère et de pauvreté. Il est naturel que la probité assure la sécurité, la confiance et le crédit; que le courage écarte la chance de la mort, que la patience rende la vie plus supportable, que la bienveillance amène la bienveillance, que la méchanceté éloigne les hommes de nous, que le parjure les mette en défiance, etc. Ce sont des faits, souvent vérifiés par l'observation. L'honnête n'est pas l'utile ; mais il est souvent ce qu'il y a de plus utile.

2° La sanction *légale* est surtout une sanction *pénale*. Elle se compose des châtiments que la loi a établis contre les coupables. Il y a en général peu de récompenses établies par la loi ; et elles peuvent rentrer dans ce que l'on appelle l'estime des hommes.

3° Une autre espèce de sanction consiste dans l'*opinion* que les autres hommes portent sur nos actions et notre caractère. Nous avons vu qu'il est dans la nature des actions bonnes d'inspirer l'estime, et des actions mauvaises le blâme et le mépris. L'honnête homme jouit en général de l'honneur, de la considération publique. Le malhonnête homme, même celui que les lois n'atteignent pas, est frappé de discrédit, d'aversion, de mépris, etc.

4° Enfin, une sanction plus exacte et plus certaine est celle qui résulte de la conscience même et du sentiment moral dont nous avons parlé plus haut.

Ces diverses sanctions étant insuffisantes pour satisfaire à notre besoin de justice, il en faut encore une autre, la sanction *religieuse*, dont nous parlerons plus loin (1).

(1) Voyez *dernier chapitre*.

CHAPITRE XII

DU PERFECTIONNEMENT DE SOI-MÊME. — DES PASSIONS

Nous avons vu que l'homme doit et peut perfectionner son caractère, corriger ses mauvaises habitudes, vaincre ses passions. C'est là une entreprise difficile qui demande beaucoup d'efforts et une volonté bien dirigée. Nous allons indiquer les moyens par lesquels l'homme de bonne volonté parvient à se corriger et se perfectionner dans le bien.

Expliquons d'abord quelles sont nos principales passions, et comment elles deviennent coupables, de légitimes et d'innocentes qu'elles sont naturellement.

On peut dire en général, que nos passions passent par trois états distincts; elles sont d'abord des affections naturelles et inévitables de l'âme : ce sont les *inclinations*, les *penchants*; elles deviennent des mouvements violents et désordonnés, ce sont les *passions* proprement dites; elles tournent en habitudes et s'incorporent au caractère et deviennent ce que l'on appelle des *vices*.

Par exemple, l'*instinct de conservation* ou *amour de la vie* est d'abord une affection naturelle, légitime, inévitable du cœur humain; mais, sous l'empire de certaines circonstances, sous l'influence de l'âge, de la maladie, du tempérament, elle s'exagère jusqu'à l'état de passion et devient ce que l'on appelle la *peur*; ou bien elle tourne en habitude et devient un vice sous le nom de *lâcheté*.

La conservation corporelle donne naissance à deux *appétits* que l'on appelle la faim et la soif. Ces deux appétits, sollicités outre mesure, deviennent des passions, qui, elles-mêmes, peuvent devenir des vices : ce sont, d'un côté, la *gourmandise*, de l'autre, l'*ivrognerie;* l'un et l'autre, et en général l'abandon exagéré aux plaisirs des sens, prennent le nom d'*intempérance*.

Le principe de toutes nos inclinations personnelles est l'amour de nous-mêmes ou *amour de soi*, instinct légitime quand il est modéré ; porté à l'excès et devenu exclusif et dominant, il devient un vice que l'on appelle *égoïsme*.

L'*estime de soi* tournée en passion devient l'*orgueil* quand il s'agit de grandes choses, *vanité* s'il s'agit de petites.

L'amour de la liberté dégénère en *esprit de révolte;* l'amour légitime du pouvoir en *ambition;* l'instinct de *propriété* devient *avidité, cupidité, passion du gain*, et donne naissance subsidiairement à la *passion du jeu* ou désir de gagner par le moyen du hasard. Le désir de gagner engendre la *crainte de perdre*, et cette dernière passion, tournée en vice et en manie, devient l'*avarice*.

De même, pour les inclinations relatives aux autres hommes. Nous voyons par exemple, le désir de plaire ou bienveillance conduire à une lâche *complaisance*, le désir de louer à la *flatterie*, et le désir de l'estime à l'*hypocrisie*.

Il est encore deux sentiments qui, en eux-mêmes, ne sont pas nécessairement coupables, mais qui, portés à l'excès donnent souvent lieu aux plus affreuses passions : ce sont l'*émulation* et la *colère*.

L'émulation n'est pas, en elle-même, une inclination malveillante. Nous pouvons vouloir égaler et surpasser les autres, sans par cela même leur vouloir du mal. Nous pouvons éprouver du plaisir à les vaincre, sans précisément nous réjouir de leur défaite; nous pouvons souffrir d'être vaincus par eux, sans pour cela leur en vouloir de leurs succès.

L'émulation est donc un sentiment personnel, mais non malveillant; il devient malveillant et vicieux lorsque les dispositions précédentes sont interverties, lorsque, par exemple, nous souffrons, non pas de notre échec, mais de l'avantage de nos rivaux, et que nous ne pouvons supporter l'idée du bien d'autrui; ou encore lorsque, inversement, nous éprouvons plus de plaisir à leur défaite que de joie pour notre victoire. Ce sentiment ainsi perverti devient ce qu'on appelle l'*envie;* et en général l'envie est la peine que nous fait éprouver le bien d'autrui; c'est donc le désir implicite du malheur des autres; c'est pourquoi c'est un véritable vice, aussi bas qu'odieux.

L'*envie* se distingue de la *jalousie*, avec laquelle elle a des analogies. La jalousie est une sorte d'envie qui porte surtout sur les affections dont elle ne souffre pas le partage; l'envie porte sur les biens matériels ou abstraits (la fortune, les honneurs, la puissance); l'envie s'applique aux biens que l'on n'a pas; la jalousie se refuse à partager ceux que l'on possède, et, par là, c'est une espèce d'égoïsme, moins bas que l'envie, puisqu'il s'agit de biens d'un ordre plus élevé, et qui même quelquefois n'est pas exempt de noblesse; mais c'est néanmoins une des passions les plus terribles par ses conséquences.

La *colère* est une passion naturelle qui semble avoir été mise dans les êtres animés pour leur donner de la force contre le péril; c'est l'effort de l'âme résistant au mal qui veut l'opprimer. Mais cette inclination est une de celles qui sont les plus promptes à nous faire perdre la possession de nous-mêmes et à nous jeter dans une sorte de folie passagère. Cependant, quoiqu'elle soit un emportement dont les conséquences peuvent être fatales, elle n'est pas nécessairement accompagnée de la haine (comme on le voit par le soldat qui combattra avec fureur et qui, subitement, après la bataille ou pendant la trêve, offrira la main à son ennemi). La colère est donc un effort de la nature qui se défend; c'est une fièvre, et en cela elle est une passion fatale et coupable, mais elle n'est pas un vice.

La colère devient la *haine* lorsque, pensant au mal que nous avons fait ou que nous pouvons faire à notre ennemi, nous nous réjouissons de la pensée de ce mal : elle s'appelle le *ressentiment* ou la *rancune* lorsqu'elle est le souvenir haineux du mal reçu; elle devient enfin la *passion de la vengeance* (la plus criminelle de toutes) lorsqu'elle est le désir et l'espoir de rendre le mal pour le mal. Une sorte de raffinement dans le plaisir du mal d'autrui, même sans haine, est la *cruauté*.

La haine devient le *mépris* lorsqu'il s'y ajoute l'idée de la bassesse et de l'infériorité de l'objet méprisé. Le mépris est un sentiment légitime, comme nous l'avons vu, lorsqu'il a pour objet des actions basses et coupables; il est une passion mauvaise et blâmable, lorsqu'il s'adresse à une prétendue infériorité, soit de naissance, soit de fortune, soit de talent ; c'est une ramification de l'orgueil. L'orgueil n'est pas toujours accompagné de mépris. On voit des hommes, pleins d'une haute satisfaction d'eux-mêmes, qui savent cependant traiter avec politesse et courtoisie ceux qu'ils regardent comme très-inférieurs à eux ; d'autres, au contraire, écrasent leurs inférieurs et les traitent comme des brutes. Chez eux, le mépris s'ajoute à l'orgueil. Une forme adoucie du mépris est le *dédain*, sorte de mépris plus délicat et plus dissimulé. Le mépris, lorsqu'il fait ressortir, non les vices, mais les travers des hommes et cherche à les rendre ridicules, devient la *raillerie* ou l'*ironie*.

CHAPITRE XIII

(*Suite du précédent.*)

Telles sont les principales affections de l'âme que l'on peut considérer comme des maladies.

Cherchons-en les *remèdes*.

Pour se guérir de ses passions, on sait bien sans doute qu'il suffit de le vouloir ; mais rien n'est plus difficile que de vouloir, lorsque l'âme est occupée par la passion. Pour y réussir il ne faut pas la prendre en face, mais autant que possible détourner son esprit sur d'autres objets : il en est de la passion, dit Bossuet, « comme d'une rivière qu'on peut plus aisément détourner que l'arrêter de droit fil. » Souvent on vient à bout d'une passion par le moyen d'une autre passion. Il peut être utile de se livrer à des passions innocentes pour empêcher des passions criminelles. Il faut aussi prendre garde au choix des personnes que l'on fréquente : « car rien n'émeut plus les passions que les discours et les actions des hommes passionnés. Au contraire, une âme tranquille semble nous communiquer le repos, pourvu toutefois que cette tranquillité ne soit pas insensible et fade. Il faut quelque chose de vif qui s'accorde un peu avec notre mouvement. »

En un mot, pour conclure avec Bossuet, « il faut calmer les esprits par une espèce de diversion et se jeter pour ainsi dire à côté, plutôt que de combattre de front; c'est-à-dire qu'il n'est plus temps d'opposer des raisons à une passion déjà émue; car en raisonnant sur la passion même pour l'attaquer, on en imprime plus fortement les traces. Où les sages réflexions sont en grand effet, c'est à prévenir les passions. Il faut donc nourrir son esprit de considérations sensées, et lui donner de bonne heure des attachements honnêtes, afin que les objets des passions trouvent la place déjà prise. »

Maintenant, comment faut-il s'y prendre pour substituer une bonne habitude à une mauvaise. Voici plusieurs règles utiles qu'il est bon d'avoir à l'esprit.

1° Si l'on a un défaut, essayer de se jeter à l'extrémité opposée, afin qu'après s'être éloigné de toutes ses forces de la faute redoutée, on revienne en quelque sorte par une élasticité naturelle, au milieu indiqué par la raison, comme lorsqu'on cherche à redresser un morceau de bois tortu.

Cette maxime bonne en général, demande cependant quelques réserves. On peut, sous l'influence de l'enthousiasme, se jeter à une extrémité violente et s'y maintenir quelque temps ; mais au moment de la réaction, il est bien possible qu'au lieu de s'arrêter au milieu, on retombe dans la première.

2° Il faut se garder de commencer par des tâches trop difficiles, mais mesurer son entreprise à ses forces : en un mot, *procéder par degrés*. Par exemple : celui qui veut se corriger de sa paresse ne devra pas s'imposer tout à coup un travail exhorbitant, mais travailler chaque jour un peu plus, jusqu'à ce qu'il en ait pris l'habitude.

Dans les commencements, pour rendre ses exercices moins pénibles, il est permis d'employer quelques moyens auxiliaires, comme une personne qui apprend à nager emploie des vessies ou des faisceaux de jonc. Mais au bout de quelque temps on augmentera à dessein les difficultés, comme des danseurs qui, pour se rendre plus agiles, s'exercent avec des souliers fort pesants.

Il est à remarquer cependant qu'il y a certains vices (et l'ivresse est de ce genre) où il est dangereux de ne procéder que par degrés, et où il vaut mieux couper court d'une manière absolue.

3° Une autre maxime très-utile est que, lorsqu'il s'agit d'acquérir quelque vertu nouvelle, il faut choisir pour cela deux sortes d'occasions : la première, lorsque l'on est le mieux disposé pour le genre d'actions dont il s'agit ; la seconde, au contraire, quand on y est le plus mal disposé possible, afin de profiter de la première occasion pour faire beaucoup de chemin, et de la seconde pour exercer l'énergie de la volonté. Cette seconde règle est excellente et d'une vraie efficacité.

4° Il est encore important, lorsque l'on a vaincu ou cru vaincre son naturel, de ne pas trop s'y fier. C'est ici qu'il est bon de citer la vieille maxime : « *Chasser le naturel, il revient au galop,* » et de se rappeler la chatte d'Ésope qui, métamorphosée en femme, se tint fort décemment à table jusqu'au moment où elle vit courir une souris.

A ces maximes sur la formation et l'amendement des caractères se rattache naturellement la méthode morale que Benjamin Franklin avait inventée pour se perfectionner dans la vertu. Il avait fait un dénombrement des qualités qu'il voulait acquérir et développer en lui, et les avait ramenées à treize principales. Cette classification, qui n'a aucune valeur scientifique, lui suffisait parfaitement pour le but qu'il voulait atteindre. Voici quelles étaient ces treize vertus : Tempérance, — silence, — ordre, — résolution, — frugalité, — industrie, — sincérité, — justice, — modération, — propreté, — tranquillité, — chasteté, — humilité.

Ce catalogue une fois dressé, Franklin réfléchissant qu'il lui serait difficile de lutter à la fois contre treize défauts, et de surveiller à la fois treize vertus, eut une idée ingénieuse et sage. Il voulut combattre ses ennemis l'un après l'autre ; il appliqua à la morale ce principe, si connu des politiques : *Diviser pour régner.* « Je dressai, dit-il, un petit livre de treize pages, portant chacune en tête le nom d'une des vertus. Je réglai chaque page en encre rouge, de manière à y établir sept colonnes, une pour chaque jour de la semaine, mettant au haut de chacune des colonnes la première lettre du nom d'un de ces jours. Je traçai ensuite treize lignes transversales, au commencement desquelles j'écrivis les premières lettres du nom d'une des treize vertus. Sur cette ligne et à la colonne du jour, je faisais une petite marque d'encre pour noter les fautes que j'avais commises contre telle ou telle vertu.

« Je résolus de donner une semaine d'attention sérieuse à chacune de ces vertus successivement. Ainsi mon grand soin pendant la première semaine fut d'éviter la plus légère faute contre la tempérance, laissant les autres vertus courir leurs chances ordinaires, mais marquant chaque soir les fautes de la journée. Si, dans la première semaine, je me croyais assez fortifié dans la pratique de ma première vertu, et assez dégagé de l'influence du défaut opposé, j'essayais d'étendre mon attention sur le second, et, procédant ainsi jusqu'à la dernière, je pouvais faire un cours complet en treize emaines, et le recommencer quatre fois par an. De même qu'un homme qui veut nettoyer son jardin ne cherche pas à en arracher toutes les mauvaises herbes en même temps, ce qui excéderait ses moyens et ses forces, mais commence d'abord par une des plates-bandes pour ne passer à une autre que quand il a fini le travail de la première, ainsi j'espérais goûter le plaisir encourageant de voir dans mes pages les progrès que j'aurais faits dans la vertu, par la diminution successive du nombre de marques, jusqu'à ce qu'enfin, après avoir recommencé plusieurs fois, j'eusse le bonheur de trouver mon livret tout blanc, après un examen particulier, pendant treize semaines. »

Outre ces moyens généraux, il en est encore de plus particuliers, qu'il est bon d'indiquer ; par exemple : l'examen de conscience, les bonnes lectures, la méditation, les bonnes sociétés, les bons conseils, le choix de quelque grand modèle, etc., tels sont les principaux moyens dont nous devons nous servir pour nous perfectionner dans le bien : « Si seulement nous extirpions et déracinions tous les ans un seul vice, dit l'Imitation de J.-C., nous deviendrions bientôt hommes parfaits. »

CHAPITRE XIV

DIVISION DES DEVOIRS

DEVOIRS A L'ÉGARD DES ANIMAUX

On ramène généralement les devoirs à trois classes devoirs envers *nous-mêmes*, envers les *autres hommes* et envers *Dieu*. Quelques-uns ajoutent une quatrième classe : devoirs envers les *animaux*.

En effet, quoique les animaux soient faits pour notre usage, et qu'il nous soit permis, soit de nous en nourrir, soit de les employer à nous servir en les réduisant à la domesticité, cependant il ne faudrait pas croire que tout est permis à l'égard de ces créatures, inférieures sans doute, mais qui sont, comme nous-mêmes, les créatures de Dieu.

Le seul devoir essentiel à l'égard des animaux est de ne pas les détruire ni même les faire souffrir sans nécessité.

Fontenelle raconte qu'étant allé voir un jour le père Malebranche aux Pères de l'Oratoire, une chienne de la maison, qui était pleine, entra dans la salle et vint se rouler aux pieds du père. Après avoir inutilement essayé de la chasser, Malebranche donna à la chienne un coup de pied qui lui fit jeter un cri de douleur, et à Fontenelle un cri de compassion : « Eh! quoi, lui dit froidement le père Malebranche, ne savez-vous pas que *cela ne sent pas?* »

Comment ce philosophe pouvait-il être assuré que *cela* ne sentait point? L'animal n'est-il pas organisé de la même manière que l'homme? N'a-t-il pas les mêmes sens, le même système nerveux? Ne donne-t-il pas les mêmes signes des impressions reçues? Pourquoi le cri de l'animal n'exprimerait-il pas la douleur aussi bien que le cri de l'enfant? Lorsque l'homme n'est pas perverti par l'habitude, par la cruauté ou par l'esprit de système, il ne peut voir les souffrances des bêtes sans souffrir également, preuve manifeste qu'il y a quelque chose de commun entre eux et nous, car la sympathie est en raison de la similitude.

Les animaux souffrent donc, c'est ce qui est incontestable ; ils ont comme nous la sensibilité physique, mais ils ont également une certaine sensibilité morale ; ils sont capables d'attachement, de reconnaissance, de fidélité, d'amour pour leurs petits, d'affection réciproque.

De cette analogie physique et morale de l'homme et de l'animal résulte manifestement l'obligation de ne leur imposer aucune souffrance inutile.

Mme Necker de Saussure raconte l'histoire d'un enfant, qui, se trouvant dans un jardin où une caille apprivoisée courait librement à côté de la cage d'un oiseau de proie, eut je ne sais quelle tentation de saisir la pauvre caille et de la donner à dévorer à l'oiseau. Le héros de cette aventure raconte lui-même la punition qu'on lui infligea : « A dîner, il y avait grand monde ce jour-là, le maître de la maison se mit à raconter la scène froidement et sans réflexion, mais en me nommant. Quand il eut fini, il y eut un moment de silence général, où chacun me regardait avec une espèce d'effroi. J'entendis quelques mots prononcés entre les convives, et, sans que personne m'adressât directement la parole, je pus comprendre que je faisais sur tout le monde l'effet d'un monstre. »

A la cruauté envers les animaux doivent être rattachés certains jeux barbares où l'on fait combattre les bêtes les unes contre les autres pour notre plaisir. Tels sont les combats de taureaux en Espagne, les combats de coqs en Angleterre.

On n'ose pas ranger la chasse parmi ces jeux inhumains, car d'une part elle a pour objet de détruire des animaux nuisibles à nos forêts et de nous fournir un aliment utile, de l'autre elle est un exercice favorable à la santé et elle exerce certaines facultés de l'âme ;

mais au moins faut-il que la chasse ne soit pas un massacre et qu'elle ait pour but l'utilité.

La brutalité envers les bêtes qui nous rendent le plus de services, et auxquelles nous voyons tous les jours infliger des charges au-dessus de leurs forces et des coups pour les contraindre à les subir, est aussi un acte odieux qui a le double tort d'être à la fois contraire à l'humanité et contraire à l'intérêt, puisque ces animaux, accablés de charges et de coups, ne tardent pas à succomber à leurs persécutions.

On ne peut non plus considérer comme absolument indifférent l'acte de tuer ou de vendre (à moins de nécessité extrême) un animal domestique qui nous a longtemps servi et dont on a éprouvé l'attachement. « Parmi les vainqueurs aux jeux olympiques, nous disent les anciens, plusieurs font rejaillir les distinctions qu'ils reçoivent sur les chevaux qui les leur ont procurées; ils leur ménagent une vieillesse heureuse; ils leur accordent une sépulture honorable, et quelquefois même ils élèvent une pyramide sur leur tombeau. »

« Il n'est pas raisonnable, dit Plutarque, d'user des choses qui ont vie et sentiment, tout ainsi que nous faisons d'un soulier ou de quelque autre ustensile, en les jetant après qu'elles sont tout usées et rompues à force de nous avoir servi; et quand ce ne serait pour autre cause que de nous induire et exciter toujours à l'humanité, il nous faut accoutumer à être doux et charitables jusqu'aux plus humbles offices de bonté; et quant à moi, je n'aurais jamais le cœur de vendre le bœuf qui aurait longuement labouré ma terre, parce qu'il ne pourrait plus travailler à cause de sa vieillesse. »

Une des principales raisons qui condamnent la cruauté envers les animaux, c'est que par instinct d'imitation et de sympathie les hommes s'habituent à faire aux hommes ce qu'ils ont vu faire aux animaux. On cite un enfant qui fit subir à son frère le sort d'un animal qu'il venait de voir égorger.

Les hommes qui se montrent brutaux envers les bêtes le sont également entre eux et exercent à peu près les mêmes sévices sur leurs femmes et sur leurs enfants.

C'est en raison de ces considérations d'utilité sociale et d'humanité que la loi s'est décidée, en France, à intervenir pour prévenir et punir les mauvais traitements infligés aux animaux; et les conséquences de cette mesure sont des plus heureuses (1).

CHAPITRE XV

DEVOIRS ENVERS SOI-MÊME

On distingue généralement les devoirs envers soi-même en deux classes: devoirs *envers le corps,* devoirs *envers l'âme.*

Considéré comme animal, l'homme est lié à un corps, et cette union de l'âme et du corps est ce que l'on ap-

(1) Loi du 2 juillet 1850, dite *Loi-Grammont*: « Seront punis d'une amende de 5 à 15 francs, et pourront l'être de 1 à 5 jours de prison, ceux qui auront exercé publiquement et abusivement des

pelle la vie. De là un premier devoir, que l'on peut considérer comme le devoir fondamental, et la base de tous les autres, à savoir le devoir de conservation. Il est évident, en effet, que l'accomplissement de tous nos autres devoirs suppose préalablement celui-là.

Avant d'être un devoir, la conservation est pour l'homme un instinct, et même un instinct si énergique et si universel qu'il semble avoir bien peu besoin d'être transformé en devoir; au point même que l'homme doit plutôt combattre en lui la tendance lâche qui lui fait aimer la vie, que celle qui le porterait à la mort. Cependant il arrive encore, malheureusement trop souvent, que les hommes, égarés par le désespoir, arrivent à se croire le droit de s'affranchir de la vie : c'est ce qu'on appelle le suicide. Il est donc très-important, en morale,

mauvais traitements envers les animaux domestiques. — La peine de prison sera toujours applicable au cas de récidive. »

Une société s'est formée, la *Société protectrice des animaux*, pour venir en aide à la loi.

Voici les principaux articles de ses statuts : « La société a pour but d'améliorer, par tous les moyens qui sont en son pouvoir, le sort des animaux, conformément à la loi du 2 juillet 1850. — La Société décerne des récompenses aux propagateurs de son œuvre et aux inventeurs d'appareils propres à soulager les animaux ; — Aux agents de la force publique signalés par leurs chefs comme ayant fait respecter les lois et règlements qui répriment les actes de cruauté et les mauvais traitements envers les animaux ; — aux agents de l'agriculture, bergers, serviteurs de ferme, fermiers, conducteurs d'animaux ; — aux cochers, garçons bouchers, maréchaux ferrants, enfin à toute personne ayant fait preuve à un haut degré, **par de bons traitements, des soins intelligents et soutenus de compassion envers les animaux.** » (Voir, dans le dernier *bulletin* de la Société, juin 1868, les résultats utiles obtenus par cette intéressante société).

de combattre ce funeste préjugé, et d'apprendre aux hommes que, lorsque la vie cesse d'être un plaisir, elle reste encore une obligation morale à laquelle ils ne peuvent se soustraire.

Le suicide peut être condamné à trois points de vue différents :

1° Le suicide est une transgression de notre devoir envers les autres hommes (en tant que l'on peut toujours, si misérable qu'on soit, rendre quelque service à autrui).

2° Le suicide est contraire à nos devoirs envers Dieu, (en ce sens que l'homme abandonne par là, sans en avoir été relevé, le poste qui lui a été confié dans le monde).

3° Enfin, le suicide est une violation du devoir de l'homme envers soi-même ; et, toutes autres considérations mises à part, l'homme doit se conserver, par cela seul qu'il est une personne morale, et qu'il n'a pas plus de droits sur lui-même que sur autrui.

Mais, dit-on, la vie est pleine de misères, et, dans certains cas, le mal est sans aucune compensation. — Il ne s'agit pas de savoir si la vie est agréable ou douloureuse : ce serait une question, si le plaisir était le but de la vie ; mais si ce but est le devoir, il n'y a pas de circonstances, si douloureuses qu'elles soient, qui ne laissent subsister la possibilité d'accomplir un devoir.

C'est un sophisme, dit-on, d'appeler le suicide une lâcheté ; car il faut beaucoup de courage pour s'ôter la vie. — On ne conteste pas qu'il n'y ait un certain courage physique à s'ôter la vie ; mais il y aurait un plus grand courage, un courage moral, à braver la douleur, la pauvreté, l'esclavage : le suicide est donc au moins une lâcheté relative. Peu importe d'ailleurs que le suicide soit un acte courageux ou lâche ; ce qui est certain, c'est qu'il ne peut être permis à l'homme de détruire en lui-même l'agent soumis à la loi du devoir, sans nier implicitement cette loi du devoir et tout ce qui y est contenu.

Admettre la légitimité du suicide, c'est admettre que l'homme s'appartient à lui-même comme une chose appartient à son maître. Or, l'homme n'est pas une *chose*, il ne peut jamais être traité comme tel, ni par autrui ni par lui-même.

Il ne faut pas confondre avec le suicide la mort volontaire, c'est-à-dire la mort bravée et même recherchée pour le bien de l'humanité, de la famille, de la patrie, de la vérité. Par exemple, Eustache de Saint-Pierre et ses compagnons, Curtius, d'Assas, ont volontairement cherché ou accepté la mort, pouvant l'éviter. Sont-ce là des suicides? Si l'on poussait jusque-là, il faudrait aller jusqu'à supprimer le dévouement. Car le comble du dévouement est précisément de braver la mort ; et il faudrait condamner celui qui s'expose même à un simple péril, puisqu'il n'a aucune assurance que le péril ne soit pas un acheminement à la mort. Mais il est évident que le suicide condamné est celui qui a pour cause, soit l'égoïsme, soit la crainte, soit un faux honneur. Aller plus loin, ce serait sacrifier d'autres devoirs plus importants, et couvrir l'égoïsme lui-même de l'apparence et du prestige de la vertu.

Une des conséquences évidentes du devoir de conservation, c'est qu'il faut éviter les mutilations volontaires. Par exemple, ceux qui se mutilent pour éviter le service militaire manquent d'abord au devoir envers leur pays ; mais ils manquent aussi à un devoir envers eux-mêmes. Car, le corps étant l'instrument de l'âme, il est interdit d'en supprimer une partie sans nécessité. C'est là un suicide partiel.

De là encore le devoir de ne pas nuire volontairement et inutilement à sa santé. Seulement, c'est là un devoir qu'il ne faut pas entendre à la rigueur. Autrement, il deviendrait une préoccupation étroite et égoïste, qui ne serait pas digne de l'homme. On doit choisir et observer régulièrement le régime qui paraît, soit par l'expérience générale, soit par notre expérience personnelle, le plus conforme à la conservation de la santé ; mais, ce principe une fois établi, des précautions trop minutieuses et trop circonspectes abaissent l'homme et lui donnent au moins un certain cachet de ridicule qu'il doit éviter. L'on ne prendra donc pas pour modèle l'Italien Cornaro, qui avait des balances à son repas pour mesurer ses aliments et ses boissons, quoique ce régime, dit-on, l'ait conservé jusqu'à cent ans.

Mais si une préoccupation trop minutieuse des soins de la santé ne doit pas être recommandée, cependant on ne saurait trop s'imposer l'obligation, dans la mesure du possible, de suivre un régime sage et modéré, aussi favorable à l'esprit qu'au corps. Sous ce rapport, l'hygiène est une partie non méprisable de la morale.

Éviter les longues veilles, les repas trop prolongés ou les boissons excitantes, distribuer régulièrement sa journée, se lever matin, se couvrir modérément, tels sont les conseils que donne la sagesse ; ce qui n'exclut pas cependant la liberté de faire fléchir ces règles devant de plus importantes quand il est nécessaire. Le principe est de ne pas trop accorder au corps : c'est le meilleur moyen de le fortifier.

Parmi les vertus qui se rattachent au devoir de conservation, il en est une qu'un philosophe du XVIIIe siècle considérait comme la première et la mère de toutes les autres, savoir la *propreté*. C'est beaucoup dire; cependant elle est d'une grande importance, et le contraire surtout en est très-répugnant. Outre la part qu'elle a, comme on le sait, à la conservation de la santé, la propreté a encore ce mérite d'être le signe d'autres vertus d'un ordre plus élevé. La propreté suppose l'ordre, une certaine délicatesse, une certaine dignité; elle est le premier signe de la civilisation; partout où on la rencontre, elle annonce que des besoins plus élevés que ceux de l'animalité se font ou vont se faire bientôt sentir; là où elle manque, on peut affirmer que la civilisation n'est qu'apparente ou qu'elle a encore beaucoup à faire et à réparer.

CHAPITRE XVI

AUTRES DEVOIRS A L'ÉGARD DU CORPS. — LA TEMPÉRANCE

Nous venons de voir que l'homme n'a pas le droit de détruire son corps, ni de le mutiler, ni enfin de le diminuer, de l'affaiblir inutilement. Mais il faut distinguer deux choses dans les fonctions du corps humain : d'une part leur utilité, de l'autre le plaisir qui les accompagne.

Sans doute un plaisir sensible est nécessaire au bon exercice des fonctions, et l'appétit par exemple est un assaisonnement agréable qui excite et facilite la digestion. Néanmoins nous savons tous qu'il n'y a pas une proportion exacte et constante entre le plaisir des sens et l'utilité, nous savons que la jouissance peut dépasser de beaucoup le besoin, et que souvent même la santé exige une certaine limite dans la jouissance.

Par exemple, les plaisirs du palais peuvent être beaucoup plus recherchés et prolongés qu'il n'est nécessaire à la satisfaction du besoin. Très-peu de chose suffit à nourrir l'homme ; mais il peut, par son industrie, se créer une multitude de plaisirs plus ou moins raffinés, et chatouiller encore son palais longtemps après que le besoin est satisfait. Le besoin de boire, en particulier, a donné naissance à une multitude de raffinements inventés par l'industrie humaine et qui n'ont qu'un rapport très-éloigné avec le principe qui leur a donné naissance. Le vin et les alcooliques, qui sont des toniques utiles, employés avec modération, sont, pour le goût, des excitants qui sollicitent sans cesse le désir ; et plus ils sont recherchés, plus ils provoquent et captivent l'imagination.

De cette disproportion et disconvenance qui existent entre les plaisirs des sens et les besoins du corps naissent les vices, c'est-à-dire certaines habitudes qui sacrifient le besoin au plaisir et dont la conséquence est précisément l'altération et la ruine des fonctions naturelles. Le plaisir, en effet, est dans une certaine mesure, l'auxiliaire et en quelque sorte l'interprète de la nature ; mais au-delà de cette limite, le plaisir ne se satisfait qu'aux dépens de la fonction même, et, par solidarité, de toutes les autres ; ainsi le trop manger détruit les fonctions digestives ; les boissons excitantes brûlent l'estomac et portent atteinte de la manière la plus grave au système nerveux.

« Qui oserait, dit Bossuet, penser à d'autres excès qui se déclarent d'une manière bien plus dangereuse ? Qui, dis-je, oserait en parler ou oserait y penser, puisqu'on n'en parle point sans pudeur et qu'on n'y pense point sans péril, même pour les blâmer ? O Dieu, encore une fois, qui oserait parler de cette profonde et honteuse plaie de la nature, de cette concupiscence qui lie l'âme au corps par des liens si tendres et si violents, dont on a tant de peine à se défendre et qui cause aussi dans le genre humain de si effroyables désordres ! »

L'abus des plaisirs des sens, en général, s'appelle intempérance, et le juste usage de ces plaisirs, *tempérance*. La gourmandise est l'abus des plaisirs du manger ; l'ivresse ou l'ivrognerie, l'abus des plaisirs du boire ; l'impudicité ou luxure, l'abus dans les plaisirs attachés à la reproduction de l'espèce. A ces trois vices s'opposent la *sobriété* (opposée aux deux premiers vices) et la *chasteté*.

Le devoir de la tempérance se prouve par deux considérations : 1° l'intempérance étant, comme le montre l'expérience, la ruine de la santé, elle est par là même contraire au devoir que nous avons de nous conserver ; 2° l'intempérance portant atteinte aux facultés intellectuelles et nous rendant incapables de toute action énergique et virile, est contraire au devoir qui nous est imposé de respecter nos facultés morales et de maintenir la supériorité de l'âme sur le corps.

Les anciens sages ont admirablement parlé de la tempérance. Socrate, en particulier, a bien montré que la tempérance rend l'homme libre, et que l'intempérance en fait une brute et un esclave.

« Dis-moi, Euthydème, penses-tu que la liberté soit un bien précieux et honorable pour un particulier et pour un État? — C'est le plus précieux des biens. — Celui donc qui se laisse dominer par les plaisirs du corps et qui est mis par là dans l'impuissance de bien faire, le considères-tu comme un homme libre? — Pas le moins du monde. — Peut-être appelles-tu liberté le pouvoir de bien faire, et servitude la présence d'obstacles qui nous en empêchent? — Justement. — Les intempérants alors te paraîtront esclaves? — Oui, par Jupiter, et avec raison. — Que penses-tu de ces maîtres qui empêchent de faire le bien et qui obligent à faire le mal? — C'est, par Jupiter, la pire espèce possible. — Et quelle est la pire des servitudes? — Selon moi, celle qui nous soumet aux pires des maîtres? — Ainsi les intempérants subissent la pire des servitudes? — C'est mon avis. »

Une considération secondaire qui doit être ajoutée à celle qui précède, c'est que l'intempérant qui cherche le plaisir ne le trouve pas; et même que ce plaisir, poursuivi d'une manière forcenée, se transforme en douleur: » L'intempérance, dit Montaigne, est peste de la volupté et la tempérance n'est pas son fléau, c'est son assaisonnement. »

La tempérance ne doit pas se borner à l'intérieur; elle doit se manifester au dehors par les actes, les paroles, même le maintien et les attitudes : c'est ce que l'on appelle la *décence,* dont la principale partie est la *pudeur.* Enfin, comme l'âme est toujours tentée de se mettre au ton du corps, et que le dedans se compose naturellement sur le dehors, on évitera le désordre dans les manières, dans les habits, dans les paroles, qui amènent insensiblement le désordre dans les pensées. La dignité extérieure n'est que le reflet de la dignité de l'âme.

CHAPITRE XVII

DEVOIRS RELATIFS AUX BIENS EXTÉRIEURS. — DE L'ÉCONOMIE ET DE L'ÉPARGNE

Les biens extérieurs sont aussi nécessaires à l'homme que son corps lui-même, car c'est d'abord une loi fondamentale des êtres organisés de ne subsister que par un échange continuel de parties avec des substances étrangères. La vie est une circulation, un tourbillon : nous perdons et nous acquérons; nous restituons à la nature ce qu'elle nous a donné, et nous lui reprenons de nouveau en échange ce qui est nécessaire pour réparer nos pertes. Il suit de là qu'un certain nombre de choses extérieures, à savoir les aliments, sont indispensables à notre existence, et qu'il faut absolument que nous en ayons la possession assurée, pour être nous-mêmes assurés de la vie.

La nourriture n'est pas le seul besoin de l'homme. Le logement et les vêtements, sans être aussi rigoureusement indispensables (comme on le voit dans les pays chauds), sont cependant d'une grande utilité pour maintenir un certain équilibre entre la température de notre corps et la température extérieure; car on sait que le dérangement de cet équilibre est une des causes les plus ordinaires de maladie. La nature n'ayant point vêtu l'homme comme les autres animaux, il a de plus qu'eux la nécessité de se procurer les vêtements par son industrie. Quant à l'habitation, plusieurs animaux, ainsi que l'homme, savent s'en construire; par exemple, les castors et les lapins; et malgré la supériorité incontestable de son art, ce n'est encore là pour l'homme, comme on le voit, que le développement d'un instinct qu'il partage avec d'autres êtres.

Ces divers besoins qui exigent donc pour être satisfaits un certain nombre d'objets matériels, tels qu'aliments, maisons, vêtements, etc., en entraînent d'autres à leur suite; par exemple, le besoin de locomotion pour se procurer ce dont on a besoin, — de là les voitures, les bateaux, etc.; le besoin de se défendre contre ceux qui voudraient nous prendre ce que nous possédons, — de à les armes de toute espèce; le besoin de repos et d'ordre dans l'intérieur de la maison, — de là les meubles de toute nature; à un degré plus élevé, le besoin de plaire à l'imagination, — de là les œuvres d'art, tableaux, statues ; le besoin de s'instruire, — de là les livres, etc.

Enfin, indépendamment de toutes ces choses si diverses, il y en a encore deux qui méritent d'être remarquées et mises à part, à cause de leur caractère original et distinctif. C'est, d'une part, la terre qui est la racine commune et inépuisable de toutes les richesses, la seule qui ne périsse pas et qui se retrouve toujours en même quantité, après comme avant la jouissance ; la terre qui est comme la substance, la matière même de la richesse ; d'un autre côté, la monnaie (or ou argent, avec leur symbole, le papier), qui est de nature à pouvoir s'échanger contre toute espèce de marchandises, même la terre, et qui par conséquent les représente toutes. Ces deux sortes de choses, la terre et l'argent, l'une matière première, l'autre image condensée de toute richesse, sont les deux objets les plus naturels des désirs de l'homme, parce qu'avec l'un ou avec l'autre il pourra se procurer tout le reste.

Les biens extérieurs étant nécessaires à la vie, nous avons à nous demander comment on doit en *user* quand on les possède, comment on doit les *acquérir* quand on ne les possède pas.

Une première considération, c'est que les choses matérielles ou les richesses n'ont point de valeur en elles-mêmes, elles ne valent que par leur application à nos besoins. L'or et l'argent, par exemple, ne valent que parce qu'ils peuvent être échangés contre des choses utiles, et ces choses elles-mêmes ne sont bonnes que parce qu'elles sont utiles. On renverse cet ordre lorsque l'on prend les choses matérielles précisément comme des *buts* et non comme des *moyens*. C'est ce qui arrive, par exemple, lorsqu'on recherche le gain pour le gain, et qu'on accumule des richesses pour le seul plaisir de les accumuler, vice qu'on appelle la *cupidité*. C'est encore ce qui arrive lorsqu'on jouit de la richesse pour elle-même, sans vouloir s'en servir, et que l'on se prive de tout pour jouir de la chose même qui n'a de valeur à la condition d'en acheter d'autres, vice que l'on appelle l'*avarice*.

Gagner de l'argent est sans doute une nécessité qu'il faut subir (et dont, d'ailleurs, il ne faut avoir aucune honte, puisque c'est la nature elle-même qui l'exige), mais ce n'est pas, ce ne doit pas être un but pour l'âme. Le but est d'assurer, à nous-mêmes, ou à notre famille, les moyens de subsister et de nous procurer le *nécessaire*, ou même un certain degré de *superflu*. Il est donc légitime, selon le mot d'un ancien, de *posséder* les richesses; mais il ne faut pas *en être possédé*.

Tel est l'*esprit* dans lequel l'homme doit rechercher ou posséder les richesses, et c'est pour lui un devoir strict; mais quant au degré et à la limite de la possession, quant au nombre ou à la quantité des richesses, la morale ne nous donne aucune règle, ni aucun principe. Il n'y a pas de limite connue au delà de laquelle on deviendrait immoral en gagnant de l'argent. Il n'est défendu à personne d'être millionnaire si on le peut. Ce serait une très-mauvaise morale que celle qui habituerait à regarder les riches comme des coupables. Le mépris des richesses, tel que le professaient les philosophes anciens, est une très-belle chose, mais le bon emploi des richesses en est aussi une très-belle. La richesse, qui n'a aucune valeur par elle-même, peut en avoir une très-grande par l'usage que l'on en fait. Il n'y a donc pas d'autre règle ici que celle que nous avons déjà donnée, à savoir qu'il ne faut pas aimer l'argent pour lui-même, mais l'acquérir ou le recevoir comme un moyen d'être utile à soi-même ou aux autres. Ajoutons cependant que même avec cette direction d'intention, il ne faut point trop désirer le gain, car c'est encore une manière de s'asservir à la fortune que prendre trop plaisir à l'accumuler, même pour bien l'employer.

Le devoir de ne pas être asservi en esprit aux biens matériels entraîne, comme son corollaire, le devoir de supporter la pauvreté, si elle vous est imposée par les circonstances. Le pauvre doit chercher sans doute à améliorer sa position par son travail, et nous sommes loin de lui recommander une insensibilité stupide, qui tarirait la source de toute industrie; mais ce qu'il faut interdire, et surtout s'interdire à soi-même, c'est ce mécontentement inquiet et envieux qui fait et notre malheur et celui des autres. Il faut savoir se contenter de son sort, comme dit la vieille sagesse, et s'il est presque nécessaire de s'élever jusqu'à l'héroïsme pour savoir supporter la misère, il suffit de la sagesse pour accepter paisiblement la pauvreté et la médiocrité.

Dire que les richesses n'ont pas de valeur par elles-mêmes, mais seulement comme moyens de satisfaire nos besoins, ce n'est pas dire qu'elles sont faites pour être dépensées sans discernement; ce n'est pas condamner l'*épargne* et l'*économie*, vertus recommandées non-seulement par la morale, mais encore par la science? Pour éviter la cupidité et l'avarice, on ne devra pas tomber dans la dissipation et la prodigalité.

Il est évident qu'il est déraisonnable et absurde de sacrifier nos besoins de demain à nos plaisirs d'aujourd'hui. L'économie et l'épargne sont donc conseillées par le plus simple bon sens. Mais l'économie et l'épargne ne sont pas seulement un devoir de prudence, mais encore un devoir de dignité : car l'expérience nous apprend que la pauvreté et la misère nous mettent dans la dépendance d'autrui et que le besoin conduit à la mendicité. Celui qui sait ménager ses moyens d'existence s'assure donc par là dans l'avenir, non-seulement l'existence, mais l'indépendance ; en se privant de quelques plaisirs passagers et médiocres, on achète ce qui vaut mieux : la dignité. « Soyez économe, dit Franklin, et l'indépendance sera votre cuirasse et votre bouclier, votre casque et votre couronne ; alors vous marcherez tête levée, sans vous courber devant un faquin vêtu de soie, parce qu'il aura des richesses, sans accepter une offrande parce que la main qui vous l'offrira étincellera de diamants. »

C'est en se plaçant à ce point de vue que les maximes charmantes et spirituelles, mais quelquefois un peu vulgaires, du bonhomme Richard peuvent être considérées comme des maximes morales et doivent entrer dans tous les esprits. « N'apprenez pas seulement comme on gagne de l'argent, mais comment on le ménage. — Plus la cuisine est grasse, plus le restaurant est maigre. — Il en coûte plus cher pour entretenir un vice que pour élever deux enfants. — Un pas répété plusieurs fois fait beaucoup. — Les fous donnent les festins et les sages les mangent. — C'est une folie d'employer son argent à acheter un repentir. — Les étoffes de soie éteignent le feu de la cuisine. — Quand le puits est sec, on connaît la valeur de l'eau. — L'orgueil déjeune avec l'abondance, dîne avec la pauvreté et soupe avec la honte. »

Ce que Franklin a peint avec le plus d'énergie et d'éloquence, c'est l'humiliation qui s'attache aux dettes, triste conséquence du défaut d'économie. « Celui qui va faire un emprunt, va chercher une mortification. Hélas ! pensez-vous bien à ce que vous faites, lorsque vous vous endettez ? Vous donnez des droits à un autre sur votre liberté. Si vous ne pouvez pas payer au terme fixé, vous serez honteux de voir votre créancier, vous serez dans l'appréhension en lui parlant ; vous vous abaisserez à des excuses pitoyablement motivées ; peu à peu vous perdrez votre franchise, et vous en viendrez à vous déshonorer par les menteries les plus évidentes et les plus méprisables. Car *le mensonge monte en croupe de la dette*. Un homme né libre ne devrait jamais rougir ni appréhender de parler à quelque homme vivant que ce soit, ni de le regarder en face ; mais souvent la pauvreté efface et courage et vertu. — *Il est difficile qu'un sac vide se tienne debout.* »

CHAPITRE XVIII

DU TRAVAIL

La nécessité de se procurer les choses nécessaires à la vie nous impose une obligation fondamentale, qui continue à subsister encore, lors même que le besoin est satisfait : c'est l'obligation du *travail*.

Le travail naît du besoin, c'est là sa première origine; mais il survit même au besoin, et c'est sa beauté et sa dignité que, né d'abord d'une nécessité mercenaire, il devient l'honneur de l'homme et le salut de la société.

Tout travaille dans la nature ; tout est en mouvement; partout on ne voit qu'effort, énergie, déploiement de forces. Bornons-nous aux animaux ; l'oiseau travaille pour faire son nid, l'araignée pour tisser sa toile, l'abeille pour faire son miel, le castor pour bâtir sa maison, le chien pour atteindre le gibier, le chat pour attraper les souris. On trouve parmi les animaux des ouvriers de toutes sortes : des maçons, des architectes, des tailleurs, des chasseurs, des voyageurs. On y trouve aussi des politiques et des artistes, comme s'ils étaient destinés à nous donner des exemples de tous les genres de travail et d'activité.

Les anciens distinguaient deux sortes de travail : le travail noble et libre, à savoir les arts, les sciences, la guerre et la politique ; et le travail servile ou mercenaire, à savoir le travail des mains, et en général tout travail lucratif, ils le laissaient aux *esclaves;* celui-ci leur paraissait au-dessous de la dignité de l'homme.

Il n'est pas nécessaire d'arriver jusqu'aux temps modernes pour trouver la réfutation de ces erreurs. Un des plus grands sages, le philosophe Socrate avait compris la dignité du travail, même du travail productif qui sert à assurer la vie ; il avait vu que le travail en lui-même n'est pas servile, comme le prouve cette charmante histoire racontée par Xénophon :

Voyant un jour Aristarque plongé dans la tristesse : « Tu m'as l'air, lui dit Socrate, d'avoir quelque chose qui te pèse ; il faut partager le fardeau avec tes amis. — Ma foi, Socrate, repartit Aristarque, je suis dans un grand embarras ; depuis que la ville est en sédition, mes sœurs, mes nièces, mes cousines qui se trouvaient abandonnées, se sont réfugiées chez moi, si bien que nous sommes quatorze personnes de condition libre ; nous ne retirons rien de la terre, car les ennemis en sont maîtres, ni de nos maisons, puisque la ville est presque sans habitants ; personne n'achète de meubles ; on ne trouve nulle part à emprunter de l'argent. Il est bien triste de voir autour de soi des parents dans la détresse et impossible de faire vivre tant de monde dans de pareilles circonstances.

— Comment se fait-il donc, lui répond Socrate, que Nausicydes, en faisant de la farine, trouve à nourrir non-seulement lui-même et ses esclaves, mais encore ses troupeaux ? Que Cyrénus, en faisant du pain, nourrisse toute sa maison et vive largement ? Que Déméas, en faisant des *chlamydes,* Ménon, des *chlanides,* la plupart des Mégariens des *exomides* (1), trouvent de quoi se nourrir?

— Ah! Socrate, c'est que tous ces gens-là achètent des esclaves barbares qu'ils forcent de travailler à leur guise, tandis que moi j'ai affaire à des personnes libres, à des parentes.

— Quoi donc? parce *qu'elles sont libres*, et tes parentes, *crois-tu qu'elles ne doivent rien faire que manger et dormir?* Crois-tu que la paresse et l'oisiveté aident les hommes à apprendre ce qu'ils doivent savoir, leur conservent ce qui est nécessaire à la vie, tandis que le travail et l'exercice ne serviraient de rien? Ont-elles appris ce que tu dis qu'elles savent comme choses inutiles à la vie et dont elles n'auraient que faire, ou au contraire pour s'en occuper et en tirer parti? Quels sont donc les hommes les plus sages, de ceux qui restent dans l'oisiveté ou de ceux qui s'occupent de choses utiles? Les plus justes, *de ceux qui travaillent ou de ceux qui, sans rien faire, délibèrent sur les moyens de subsister?*

— Au nom des dieux, Socrate, reprit Aristarque, ton conseil est excellent; je n'osais pas emprunter, sachant bien qu'après avoir dépensé ce que j'aurais reçu, je n'aurais pas de quoi rendre; maintenant je crois pouvoir me décider à le faire. »

Aussitôt dit, on se procure des fonds; on achète de la laine. Les femmes dînaient en travaillant, soupaient après le travail, et la gaieté avait succédé à la tristesse; au lieu de se regarder en dessous, on se voyait avec plaisir. Elles aimaient Aristarque comme un protecteur,

---

(1) Chlamydes, chlanides, exomides, sortes de vêtements.

et Aristarque les chérissait pour leurs services. Enfin celui-ci vint gaiement conter l'aventure à Socrate, et lui dit que ses parentes lui reprochaient d'être le seul de la maison qui mangeât sans rien faire. « Eh bien, dit Socrate, que ne leur contes-tu la fable du chien? Du temps que les bêtes parlaient, la brebis dit à son maître : « Ta conduite est bien étrange ; nous qui te fournissons « de la laine, des agneaux, du fromage, tu ne nous donnes « rien que nous ne soyons obligées d'arracher à la terre ; « et ton chien, qui ne te rapporte rien, tu partages « avec lui ta propre nourriture. » Le chien, qui l'avait entendu, lui dit : « Il a raison, par Jupiter ! car c'est « moi qui vous garde et vous empêche d'être enlevées par les hommes ou ravies par le loup ; si je ne veil- « lais sur vous, vous ne pourriez paitre dans la crainte « de périr. » Va donc dire à tes parentes que tu veilles sur elles comme le chien de la fable ; que, grâce à toi, elles ne sont insultées par personne et peuvent, sans chagrin et sans crainte, continuer leur laborieuse existence. »

S'il est injuste de considérer comme servile le travail manuel et le travail productif, ce serait un préjugé en sens inverse que de ne considérer comme un travail que le travail des mains et le travail mercenaire. Le travail intellectuel, celui des savants, des artistes, des magistrats, des chefs d'état n'est pas moins utile ; il est donc aussi légitime.

Il n'est pas besoin d'insister beaucoup pour nous rappeler que le travail seul assure la sécurité et le bien-être. Sans doute, il ne les assure même pas toujours ; cela est malheureusement vrai. Mais si, en travaillant, on n'est pas bien sûr de nourrir sa femme et ses enfants, et de s'assurer pour sa vieillesse un légitime repos; en revanche, ce dont on est sûr, c'est que, sans travailler, on se condamnera soi-même et toute sa famille à une misère certaine. On n'a encore trouvé aucun moyen de faire sortir des richesses de dessous terre sans travail. Ces richesses apparentes, qui frappent nos regards éblouis, ces palais, ces calèches, ces toilettes splendides, ces meubles, tout ce luxe, toutes ces richesses, et d'autres plus solides, les machines, les usines, les produits de la terre, tout cela, c'est du travail accumulé. Entre l'état des peuplades sauvages qui errent affamées dans les forêts de l'Amérique, et l'état de nos sociétés civilisées, il n'y a d'autre différence que le travail. Supposez que par impossible, dans une société comme la nôtre, tout travail vienne à s'arrêter subitement, la détresse et la faim en seront les conséquences immédiates et inévitables. L'Espagne, quand elle a découvert les mines d'or de l'Amérique, s'est crue enrichie pour l'éternité; elle a cessé de travailler; elle s'est ruinée, et de maîtresse souveraine qu'elle était en Europe, elle est descendue au rang où nous la voyons aujourd'hui. La paresse amène la misère, la misère amène la mendicité, et la mendicité ne se contente pas toujours de demander, elle prend.

Le travail n'est pas seulement un plaisir ou une nécessité : c'est un devoir. Même pénible et sans joie, le travail est encore une obligation pour l'homme; c'est encore pour lui une obligation, lorsqu'il n'en aurait pas besoin pour vivre. Le travail n'assure pas seulement la sécurité; il assure la dignité. L'homme est fait pour exercer les facultés de son corps et de son esprit. Il est fait pour agir comme l'oiseau pour voler.

Il est difficile sans doute de s'habituer au travail, mais une fois les premières difficultés vaincues, le travail est si peu une fatigue qu'il devient un besoin. On est obligé de faire effort pour se reposer. Oui, après avoir eu de la peine dans l'enfance à s'habituer au travail, ce qui devient à la longue le plus difficile, c'est de ne pas travailler. Il faut presque lutter contre soi-même pour se forcer à la distraction et au repos. Le loisir devient à son tour un devoir auquel on se soumet avec peine et auquel la raison seule dit qu'il faut se soumettre : car il ne faut pas abuser des forces que la Providence nous a confiées.

CHAPITRE XIX

DEVOIRS RELATIFS A L'INTELLIGENCE

Le premier devoir relatif à l'intelligence est le devoir de s'*instruire*.

Sans doute personne n'est tenu d'être un savant, d'apprendre le latin ou les sciences; mais on peut dire que c'est un devoir pour chacun de nous : 1° d'apprendre aussi bien qu'il lui est possible les principes de l'art qu'il aura à cultiver : par exemple, les magistrats, les principes de la jurisprudence; le médecin, les principes de la médecine; l'artisan et le laboureur, les principes de leur art; 2° c'est un devoir pour tous les hommes, selon les moyens qu'ils ont à leur disposition, de s'instruire sur leurs devoirs; 3° c'est encore un devoir pour chacun de dépasser, autant qu'il le peut, le strict nécessaire en matière d'instruction, et en raison des moyens qu'il a à sa disposition. C'est donc un devoir de ne négliger aucune occasion de s'instruire.

C'est encor un devoir de faire tous ses efforts pour éviter l'erreur, et de cultiver en soi le bon sens qui est la faculté de discerner le vrai du faux.

Quelques indications sur les causes de nos erreurs pourront être utilement indiquées à ce sujet (1).

1° Une première cause d'erreur dans les jugements que nous portons sur les choses, c'est de prendre notre intérêt pour motif de croire une chose : tout plaideur croit avoir raison.

2° Nos affections sont une autre cause d'illusion : « Je l'aime, donc c'est le plus habile homme du monde; je le hais, donc c'est un homme de néant. » C'est ce que l'on peut appeler le sophisme du cœur.

3° Illusions de l'amour-propre. Il en est qui décident tout par ce principe général et fort commode, qui est qu'ils ont raison. Ils écoutent peu les raisons des autres, ils veulent tout emporter par autorité, et traitent de téméraires tous ceux qui ne sont pas de leur sentiment. Quelques-uns même vont jusqu'à faire, sans s'en douter, ce plaisant raisonnement : « Si cela était, je ne serais pas un habile homme; or, je suis un habile homme; donc cela n'est pas. »

(1) Tout ce qui suit est emprunté à la *Logique* de Port-Royal.

4° Reproches réciproques que chacun peut se renvoyer avec le même droit : par exemple, d'être chicaneurs, intéressés, aveugles, de mauvaise foi, etc.

5° Esprit de contradiction et de dispute si admirablement peint par Montaigne : « Nous n'apprenons à disputer que pour contredire ; et chascun contredisant et estant contredict, il en advient que le fruict du disputer c'est perdre et anéantir la vérité... L'un va en Orient, l'autre l'Occident ; ils perdent le principal, et s'escartent dans la presse des incidens ; au bout d'une heure de tempeste, ils ne savent ce qu'ils cherchent ; l'un est bas, l'autre hault, l'autre costier : qui se prend à un mot et une similitude ; qui ne sent plus ce qu'on lui oppose, tant il est engagé en sa course ; qui se trouvant foible de reins, craint tout, refuse tout, mesle dès l'entrée et confond le propos, ou, sur l'effort du débat, se mutine à se taire tout plat par une ignorance despite, affectant un orgueilleux mépris ou une sottement modeste fuyte de contention... »

6° Défaut contraire au précédent, à savoir complaisance adulatrice, qui approuve tout et admire tout.

Outre ces différentes illusions qui naissent de nous-mêmes et de nos propres faiblesses, il y en a d'autres qui naissent du dehors, ou du moins des divers aspects sous lesquels les choses se présentent à nous :

1° Le mélange de vrai et de faux, de bien et de mal qui se rencontre dans les choses fait que nous les confondons souvent. Ainsi les bonnes qualités des personnes qu'on estime font approuver leurs défauts et réciproquement. Mais c'est précisément dans cette séparation judicieuse du bien et du mal que paraît l'exactitude de l'esprit.

2° Illusions qui naissent de l'éloquence et des faux ornements.

3° Interprétation malveillante des intentions secrètes fondée sur des signes équivoques. Un tel est ami d'un méchant, donc il est méchant; un tel critique quelques actes d'administration, c'est un séditieux; il en approuve d'autres, c'est un courtisan.

4° Fausses inductions tirées de quelques expériences particulières. La médecine ne guérit pas toutes les maladies, donc elle n'en guérit aucune; il y a des femmes légères, donc il n'y en a pas d'honnêtes; il y a des hypocrites, donc la dévotion n'est qu'hypocrisie.

5° Erreur de juger les conseils par les événements. Il n'a pas réussi, donc il a eu tort; et réciproquement.

6° Sophisme de l'autorité. Il consiste à croire à la parole des hommes, en raison de certaines qualités qui n'ont aucun rapport avec la vérité à connaître; par exemple, en raison de l'âge, de la richesse et de la puissance. Sans doute on ne fait pas expressément ces sortes de raisonnements : il a cent mille livres de rente, donc il a raison; néanmoins il se passe quelque chose de semblable dans l'esprit des hommes, et qui emporte leur jugement sans qu'ils y pensent.

En signalant ces divers écueils où viennent échouer la plupart du temps le bon jugement et la droite raison, on indique assez par là même les règles qui peuvent servir à former l'esprit : car il suffira d'être averti de ces sortes d'égarements pour les reconnaître en soi-même et les éviter, si l'on veut y mettre quelque peu de sincérité.

L'instruction et le bon sens conduisent à la vertu que l'on appelle la *prudence*, qui consiste à bien délibérer pour agir et qui est l'art de bien discerner notre intérêt dans les choses qui nous concernent, et l'intérêt d'autrui dans les choses qui concernent autrui. Il y a donc deux sortes de prudence : la prudence personnelle, qui n'est que l'intérêt bien entendu, et la prudence civile ou désintéressée, qui s'applique aux intérêts d'autrui : ainsi, un général prudent, un notaire prudent, un ministre prudent ne le sont pas pour eux-mêmes, mais pour les intéressés : à ce point de vue, ce n'est qu'un devoir envers autrui.

Quoique la prudence ne soit que la vertu de l'*utile*, elle est cependant une vertu. Car, lorsque nous sommes sur le point d'être entraînés par la passion, c'est le devoir lui-même qui nous ordonne de préférer l'utile à l'agréable.

Voici quelques-unes des règles relatives à la prudence :

1° Il ne suffit pas de faire attention au bien ou au mal présent, il faut encore examiner quelles en seront les suites naturelles, afin que, comparant le présent avec l'avenir et balançant l'un par l'autre, on puisse reconnaître d'avance quel en doit être le résultat.

2° Il est contre la raison de rechercher un bien qui causera certainement un mal plus considérable.

3° Rien n'est plus raisonnable que de se résoudre à souffrir un mal dont il doit certainement nous revenir un plus grand bien.

4° On doit préférer un plus grand bien à un moindre ; et réciproquement pour les maux.

5° Il n'est pas nécessaire d'avoir une entière certitude à l'égard des biens et des maux considérables : et la vraisemblance suffit pour engager une personne raisonnable à se priver de quelques petits biens ou à souffrir quelques maux légers, en vue d'acquérir des biens beaucoup plus grands, ou d'éviter des maux beaucoup plus fâcheux.

CHAPITRE XX

LA VÉRACITÉ

Les hommes se servent de la parole pour exprimer la pensée. De là un devoir important et fondamental : celui de n'exprimer par la parole que la vérité, ou ce que l'on croit tel, après avoir pris toutes les précautions possibles pour ne pas se tromper. On estime au plus haut degré ceux qui ne se servent de la parole que pour exprimer leur pensée, et on méprise ceux qui s'en servent pour tromper. Cette sorte de vertu s'appelle *véracité*, et le vice qui lui est opposé est le *mensonge*.

On peut distinguer deux espèces de mensonge :

Le mensonge *intérieur*, et le mensonge *extérieur* : le premier par lequel on se ment à soi-même, c'est-à-dire on manque de sincérité par rapport à soi-même ; le second par lequel on ment à autrui.

On peut se demander s'il est possible que l'homme se mente véritablement à soi-même. On comprend en effet que l'homme se trompe : mais alors il ne sait pas qu'il se trompe : c'est erreur, ce n'est pas mensonge ; si, au contraire, il sait qu'il se trompe, par cela même il n'est pas trompé. Il ne peut donc y avoir mensonge à l'égard de soi-même.

Et cependant il est certain que l'homme peut se tromper volontairement lui-même, par conséquent se mentir. Le cas le plus habituel du mensonge intérieur, est lorsque l'homme emploie des sophismes, pour étouffer le cri de la conscience, ou encore lorsqu'il cherche à se faire croire à lui-même qu'il n'a d'autre motif que le bien moral, tandis qu'il n'obéit en réalité qu'à la crainte du châtiment, ou à tel autre motif intéressé.

Le mensonge intérieur est déjà une véritable bassesse, ou du moins une faiblesse ; et l'on doit conclure de là qu'il en est de même du mensonge extérieur, c'est-à-dire du mensonge qui s'exprime par des paroles.

Le mensonge est toujours une chose basse, soit qu'il ait pour cause le désir de nuire ou celui d'échapper à la punition, ou le désir du gain, ou tout autre mobile plus ou moins grossier : « Le menteur, a dit un moraliste, est moins un homme véritable que l'apparence trompeuse d'un homme. »

Il est évident que le devoir de ne pas mentir n'entraîne pas comme conséquence le devoir de tout dire. Il ne faut pas confondre le silence avec la dissimulation, et nul n'est tenu de dire tout ce qu'il a dans le cœur ; bien au contraire, nous sommes ici en face d'un autre devoir envers nous-mêmes, qui est en quelque sorte l'opposé du précédent, à savoir : la discrétion. Le bavard et l'étourdi, l'un qui parle quand même, l'autre qui dit ce qu'il devrait taire, ne doivent pas être confondus avec l'homme loyal et sincère, qui ne dit que ce qu'il pense, mais qui ne dit pas nécessairement tout ce qu'il pense.

Si le mensonge, en général, est un abaissement de la dignité humaine, cela est encore vrai, à bien plus forte raison, de cette sorte de mensonge que l'on appelle *parjure*, et que l'on pourrait définir un double mensonge.

Le parjure est de deux sortes : il est ou une prestation d'un faux serment, ou la violation d'un serment antérieur vrai ou faux, sincère ou mensonger. Pour savoir ce que c'est qu'un parjure, il faut donc savoir ce que c'est qu'un serment.

Le *serment* est une affirmation où l'on prend Dieu à témoin de la vérité de ce qu'on dit. Le serment consiste donc en quelque sorte à invoquer Dieu en notre faveur, à le faire parler en notre nom. On atteste pour ainsi dire que Dieu lui-même, qui voit le fond des cœurs, s'il était appelé en témoignage, parlerait comme nous parlons nous-mêmes. Le serment indique que l'on accepte d'avance les châtiments que Dieu ne manque pas d'infliger à ceux qui attestent son nom en vain.

On voit par là comment le parjure, j'entends par là la prestation d'un faux serment, peut être appelé un double mensonge. Car le parjure ment d'abord en affirmant une chose fausse ; et il ment ensuite en affirmant que Dieu lui rendrait témoignage, s'il était là. Ajoutons qu'il y a là une sorte de sacrilége, qui consiste à faire en quelque sorte de Dieu le complice de notre mensonge. Il en est de même lorsque le parjure est la violation d'un serment intérieur.

CHAPITRE XXI

DEVOIRS RELATIFS A LA VOLONTÉ ET AU SENTIMENT — LA FORCE D'AME

La volonté est le pouvoir de se résoudre à l'action, sans y être contraint par aucune force du dehors, ou même par la force des passions. Elle a donc elle-même une force par laquelle elle lutte contre les obstacles externes ou internes qui s'opposent à elle. C'est ce qu'on appelle la *force d'âme* dont la principale forme est le *courage*.

Le courage, dans son sens le plus habituel, est cette sorte de vertu qui brave le péril et même la mort, quand il est nécessaire, pour accomplir un devoir.

Le courage qui frappe le plus les hommes, c'est le courage militaire : cependant ce n'est pas le seul : le médecin dans une épidémie, le simple citoyen dans un fléau public, chacun de nous sur son lit de mort peuvent montrer autant et souvent plus de courage que le soldat dans la bataille. Le courage *civil* n'est pas moins nécessaire que le courage militaire : celui par exemple du magistrat rendant la justice malgré les sollicitations des puissants, celui du citoyen défendant les lois, du juste disant la vérité au péril de sa vie, etc.

Le courage, a-t-on dit, est un milieu entre la témérité et la lâcheté. Cela est vrai en général ; mais il ne faut pas croire qu'il y ait toujours témérité à braver le péril, et toujours lâcheté à l'éviter. Le vrai principe, c'est qu'il faut braver les périls nécessaires, quelque grands qu'ils soient, et éviter les périls inutiles, si minimes qu'ils puissent être.

Le courage ne consiste pas seulement à braver le péril et la mort, mais encore à supporter le malheur, la misère, la douleur. On peut être courageux dans la pauvreté, dans l'esclavage, dans la maladie. Le courage ainsi entendu s'appelle *patience*.

C'est cette sorte de courage de tous les instants qui est surtout réclamé dans la vie, et c'est celui qui est le plus rare ; car on trouve encore un assez grand nombre d'hommes capables de braver la mort quand l'occasion s'en présente : mais supporter avec résignation les maux inévitables et sans cesse renouvelés de la vie humaine est une vertu d'autant plus rare, qu'on n'a presque point honte du vice qui lui est contraire. On rougirait de craindre le péril : on ne rougit pas de s'emporter contre la destinée : on veut bien mourir, s'il le faut, mais non pas être contrarié. Cependant on conviendra que de succomber sous le poids de sa destinée est aussi une sorte de lâcheté. C'est pourquoi on a pu dire avec raison que le suicide lui-même est un acte lâche ; car s'il est vrai qu'il exige un certain courage physique, il est aussi vrai que le courage moral qui saurait supporter de tels maux serait d'un ordre bien supérieur encore.

Mais il ne faut pas confondre la vraie force, le vrai courage, la vraie patience, avec la fausse force et la ridicule obstination. « Un de mes amis, dit Épictète, résolut sans aucun motif de se laisser mourir de faim. Je l'appris, quand il y avait déjà trois jours qu'il s'abstenait de manger : j'allai le trouver, et je lui demandai ce qu'il faisait : Je l'ai résolu, me répondit-il. — Mais quel est le motif qui t'a poussé ? — Il faut être ferme dans ses décisions. — Que dis-tu là, mon ami ? Il faut être ferme dans ses décisions, sans doute, mais dans celles qui sont raisonnables. Quoi ! si par un caprice tu avais décidé qu'il ferait nuit, tu persisterais en disant : Il faut être ferme dans ses décisions... Notre homme se laissa décider, mais non sans peine. — On ne persuade pas plus un sot qu'on ne le brise. »

A la patience dans l'adversité il faut joindre toujours une autre espèce de courage, non moins rare et non moins difficile, à savoir : la modération dans la prospérité. C'est en quelque sorte une seule et même vertu, s'appliquant dans deux circonstances contraires ; et c'est ce qu'on appelle l'égalité d'âme. Il n'y a pas moins de faiblesse à manquer de modération quand la fortun nous sourit, que lorsqu'elle nous est contraire ; et il n'y a rien de plus beau dans la vie qu'une âme toujours égale, un front toujours le même, un visage toujours serein.

A l'égalité d'humeur ou possession de soi-même se rattache encore une autre obligation : celle d'éviter la colère, passion que l'on a considéré avec raison comme l'origine du courage, mais qui en elle-même sans règles, et plus propre aux bêtes qu'aux hommes. Il y a deux espèces de caractères irascibles; celui qui s'emporte vite et s'apaise vite, et au contraire celui qui conserve longtemps son ressentiment. Le premier est le caractère irascible, le second est le caractère atrabilaire ou vindicatif. Ce second caractère est beaucoup plus odieux que l'autre; la colère est quelquefois excusable; la rancune ne l'est jamais.

Cependant, si la colère est un mal, l'apathie et l'indifférence absolue est loin d'être un bien. S'il y a une colère brutale et animale, il y a aussi une noble colère, une *colère généreuse*, celle qui se met au service des nobles sentiments.

La colère généreuse a, comme on le voit, son principe dans le sentiment de la *dignité personnelle*, auquel se rattache le devoir du *respect de soi-même*.

CHAPITRE XXII

LA DIGNITÉ PERSONNELLE

L'homme étant supérieur aux autres êtres de la création par la raison, par la liberté, par la moralité, ne doit pas s'abaisser à leur niveau, et doit respecter en lui-même et faire respecter en lui par les autres hommes la *dignité humaine*.

De là ces maximes:

« Ne soyez pas esclaves des hommes; — Ne souffrez pas que vos droits soient impunément foulés aux pieds; — Ne contractez pas de dettes pour lesquelles vous n'offririez pas une entière sécurité; — Ne recevez point de bienfaits dont vous puissiez vous passer; — Ne soyez ni parasites, ni flatteurs, ni mendiants; — Les plaintes et les gémissements, même un simple cri arraché par une douleur corporelle, sont chose indigne de vous (à plus forte raison si vous avez mérité la peine). Aussi un coupable ennoblit-il sa mort par la fermeté avec laquelle il meurt. — Celui qui se fait ver peut-il se plaindre d'être écrasé? »

Le juste sentiment de la dignité humaine s'appelle *fierté*. Il ne faut pas confondre la fierté légitime avec une passion qui imite la fierté, mais qui n'en est que le fantôme: je veux dire avec *l'orgueil*. La fierté est le juste sentiment que l'homme a de sa dignité morale, et qui lui défend d'humilier ou de laisser humilier la personne humaine. L'orgueil est le sentiment exagéré que nous avons de nos avantages et de notre supériorité sur les autres hommes. La fierté se rapporte à ce qu'il y a en nous de sacré et de divin; l'orgueil ne se rapporte qu'à notre individu, et ce sont ses misères mêmes dont il se grandit et se gonfle.

La fierté ne demande qu'à ne pas être opprimée; l'orgueil demande à opprimer les autres. La fierté est noble, l'orgueil est brutal et insolent.

Le diminutif de l'orgueil, c'est la vanité. L'orgueil prend avantage des grandes choses, au moins de ce qui paraît tel parmi les hommes : la vanité s'honore même des plus petites. L'orgueil est insultant; la vanité est blessante. L'un est odieux, l'autre ridicule.

Le plus bas degré de la vanité est la *fatuité*, ou la vanité des avantages extérieurs, figure, toilette, agréments superficiels. Ce diminutif de l'orgueil est une des passions les plus pitoyables et doit être combattu par tous les sentiments mâles et virils.

La vertu opposée à l'orgueil, et qui n'est nullement inconciliable avec la fierté, est la modestie, à savoir le juste sentiment de ce que l'on vaut et de ce que l'on ne vaut pas. Il n'est nullement interdit par la morale de se rendre compte de ses propres mérites. Mais c'est à la condition de ne pas s'en exagérer la portée : ce qui est facile, en se comparant soit à ceux qui ont reçu des dons plus excellents, soit à ce que nous devrions et pourrions être avec plus d'efforts, plus de courage, plus de volonté, soit en reconnaissant à côté de ces avantages les limites, les bornes, les lacunes, surtout en ayant sur nos défauts un œil aussi ouvert, plus ouvert encore que sur nos qualités. Prenons garde à la poutre de l'Évangile.

La modestie ne doit pas seulement être extérieure, mais encore intérieure ; au dehors, elle est surtout un devoir envers les autres que nous ne devons pas humilier de nos avantages ; au dedans, elle est un devoir envers nous-mêmes, que nous ne devons pas tromper sur notre propre valeur. Quelquefois on est modeste au dehors sans l'être au dedans et réciproquement. Je puis feindre devant les hommes de n'avoir pas grande opinion de moi-même, tandis qu'intérieurement je m'enivre de mon mérite : c'est pure hypocrisie. Je puis, au contraire, m'attribuer extérieurement des avantages que ma conscience ne reconnaît nullement dans le for intérieur; c'est fanfaronnade. Il faut être modeste à la fois au dedans et au dehors, en paroles et en actions.

Il faut distinguer de la modestie une autre vertu que l'on appelle l'*humilité*. L'humilité ne doit pas être un abaissement ; car ce n'est jamais une vertu pour l'homme de s'abaisser. Mais de même que la dignité et la fierté sont les vertus qui naissent du juste sentiment de la grandeur humaine ; de même l'humilité est la vertu qui naît du sentiment de notre faiblesse et ne le laisse pas avilir : voilà le respect de soi-même. Souviens-toi que tu n'es qu'un homme, et ne te laisse pas enorgueillir : voilà l'humilité.

CHAPITRE XXIII

DEVOIRS DE FAMILLE. — LE MARIAGE

On peut distinguer dans la famille quatre espèces de rapports, d'où naissent quatre classes de devoirs.

1° Rapports du mari et de la femme ;
2° Rapports des parents aux enfants ;
3° Rapports des enfants aux parents ;
4° Rapports des enfants entre eux.

D'où : le devoir conjugal, le devoir paternel ou maternel, le devoir filial et le devoir fraternel.

A ces quatre éléments de la famille on peut en ajouter un cinquième, la domesticité, d'où le devoir des maîtres à l'égard des domestiques, et des domestiques à l'égard des maîtres.

I. *Devoirs du mariage.* — Le devoir commun du mari et de la femme est la fidélité. Ce devoir est fondé sur la nature même du mariage, et en second lieu sur une promesse réciproque.

Commençons par cette dernière considération. Le mariage, tel qu'il est institué dans les pays civilisés et chrétiens, est la monogamie, ou mariage d'un seul homme avec une seule femme (sauf le cas de décès). Tel est l'état auquel on s'engage en entrant dans la condition du mariage; on accepte donc, par là même, l'obligation d'une fidélité inviolable. Que si une promesse est sacrée quand il s'agit des biens matériels (par exemple une dette de jeu), combien plus sacrée est la promesse des cœurs, et ce don réciproque de l'âme à l'âme, qui fait la dignité du mariage ! La fidélité conjugale est donc un devoir d'honneur, une véritable dette.

Mais ce n'est pas seulement le résultat obligatoire d'une promesse, d'une parole donnée : la fidélité résulte de l'idée même du mariage, et le mariage à son tour résulte de la nature des choses.

Le mariage a été institué pour sauver la dignité de la femme. L'expérience, en effet, nous apprend que, partout où existe la polygamie, la femme est l'esclave de l'homme. Celui-ci, partageant ses affections entre plusieurs personnes différentes, ne peut en aimer aucune avec cette délicatesse et cette constance qui rendent la femme égale de l'homme. Comment pourrait-il y avoir cette intimité, et ce partage commun des biens et des maux qui fait la beauté morale du mariage, entre un maître et plusieurs esclaves qui se disputent ses regards et ses caprices ? Il est de toute évidence que l'égalité de l'homme et de la femme ne peut subsister là où celle-ci est obligée de disputer à d'autres le bien commun de l'affection conjugale.

De là l'institution du mariage qui a été inspirée par l'intérêt de la femme, et qui est la protection du plus faible. Il s'ensuit évidemment qu'elle est tenue, de son côté, à la même fidélité qu'elle a droit d'exiger. L'infidélité conjugale, de quelque côté qu'elle vienne, est donc une polygamie déguisée, et encore une polygamie irrégulière et capricieuse, très-inférieure à la polygamie légale : car celle-ci au moins laisse subsister certaines règles, et fixe d'une manière précise la condition des diverses épouses. Mais l'adultère détruit tout rapport régulier et précis entre les deux époux ; il introduit dans le mariage l'usurpation ouverte ou clandestine des droits jurés ; il tend à rétablir l'état primitif et sauvage, où le hasard et le caprice décident du rapprochement des sexes.

La fidélité est un devoir commun et réciproque aux deux époux. Ils ont en outre chacun les leurs. Nous insisterons surtout sur ceux du mari. Le premier de tous, et qui enveloppe tous les autres, est la protection.

« L'homme, étant le chef de la famille, en est le protecteur naturel. L'autorité lui est dévolue par les lois et par l'usage. Mais cette autorité ne serait qu'un privilège insupportable, si l'homme prétendait l'exercer sans rien faire, et sans rendre à la famille en sécurité ce qu'elle lui paye en respect et en obéissance. Le travail, voilà le premier devoir de l'homme, comme chef de famille. Cela est vrai de toutes les classes de la société, tout aussi bien de celles qui vivent de leurs revenus, que de celles qui vivent de leur travail. Car les uns ont à se rendre dignes de la fortune qu'ils ont reçue par de nobles occupations, et, au moins, de la conserver et de la faire fructifier par une habile administration ; et les autres ont, sinon une fortune à acquérir, but très-rarement atteint, au moins un objet bien plus pressant, celui de faire vivre tous ceux qui reposent sous leur tutelle. »

Un sage de l'antiquité, Socrate raconte en ces termes la conversation d'Ischomachus et de sa femme, deux jeunes mariés dont le mari instruit sa femme des devoirs domestiques.

« Quand elle se fut familiarisée avec moi, et que l'intimité l'eut enhardie à converser librement, je lui fis à peu près les questions suivantes : « Dis-moi, femme,
« commences-tu à comprendre pourquoi je t'ai choisie,
« et pourquoi tes parents t'ont donnée à moi... Si la
« Divinité nous donne des enfants, nous aviserons en-
« semble à les élever de notre mieux : car c'est un bon-
« heur qui nous sera commun, de trouver en eux des
« défenseurs et des appuis pour notre vieillesse. Mais
« dès aujourd'hui, cette maison nous est commune.
« Moi, tout ce que j'ai, je le mets en commun, et toi, tu
« as déjà mis en commun tout ce que tu as apporté. Il
« ne s'agit plus de compter lequel de nous deux a fourni
« plus que l'autre ; mais il faut bien se pénétrer de ceci,
« que celui de nous deux qui gérera le mieux le bien
« commun, fera l'apport le plus précieux. »

« A ces mots, Socrate, ma femme me répondit : « En
« quoi pourrais-je t'aider ? De quoi suis-je capable ? Tout
« roule sur toi. Ma mère m'a dit que ma tâche est de
« me bien conduire. — Oui, lui dis-je, et mon père
« aussi me disait la même chose ; mais il est du devoir
« d'un homme et d'une femme qui se conduisent bien
« de faire en sorte que ce qu'ils ont prospère le mieux
« possible, et qu'il leur arrive en outre des biens nou-
« veaux par des moyens honnêtes et justes. Le bien de la
« famille et de la maison exige des travaux au dehors
« et au dedans. Or la Providence a d'avance approprié
« la nature de la femme pour les soins et les travaux de
« l'intérieur, celle de l'homme pour les soins et les
« travaux du dehors. Froids, chaleurs, voyages, guerres,
« le corps de l'homme a été mis en état de tout sup-
« porter ; d'autre part, la Divinité a donné à la femme
« le penchant et la mission de nourrir les nouveau-nés ;
« c'est aussi elle qui est chargée de veiller sur les provi-
« sions, tandis que l'homme est chargé de repousser
« ceux qui voudraient nuire.

« Comme la nature d'aucun d'eux n'est parfaite en
« tous points, cela fait qu'ils ont besoin l'un de l'autre ;
« et leur union est d'autant plus utile que ce qui manque
« à l'un, l'autre peut le suppléer. Il faut donc, femme,
« qu'instruits des fonctions qui sont assignées à chacun
« de nous par la Divinité, nous nous efforçions de nous
« acquitter le mieux possible de celles qui incombent à
« l'un comme à l'autre.

« Il est toutefois, dis-je, une de tes fonctions qui peut-
« être t'agréera le moins : c'est que si quelqu'un de tes
« esclaves tombe malade, tu dois, par des soins, dus à

« tous, veiller à sa guérison. — Par le ciel! dit ma
« femme, rien ne m'agréera davantage, puisque, ré-
« tablis par mes soins, ils me sauront gré et me mon-
« treront plus de dévouement que par le passé. » Cette
réponse m'enchanta, reprit Ischomachus, et je lui dis :
« Tu auras d'autres soins plus agréables à prendre, quand
« d'une esclave, incapable de filer, tu auras fait une
« bonne fileuse; quand d'une intendante ou d'une femme
« de charge incapable, tu auras fait une servante capa-
« ble, dévouée, intelligente...

« Mais le charme le plus doux sera lorsque, devenue
« plus parfaite que moi, tu m'auras fait ton serviteur ;
« quand, loin de craindre que l'âge, en arrivant, ne te
« fasse perdre de ta considération dans ton ménage, tu
« auras l'assurance qu'en vieillissant tu deviens pour
« moi une compagne meilleure encore, pour tes enfants
« une meilleure ménagère, pour ta maison une maîtresse
« plus honorée. Car la beauté et la bonté ne dépendent
« point de la jeunesse : ce sont les vertus qui les font
« croître dans la vie aux yeux des hommes. »

CHAPITRE XXIV

DEVOIRS DES PARENTS

Après avoir montré les devoirs communs et réciproques des époux, considérant maintenant leurs devoirs à
l'égard de leurs enfants.

Chez les parents, le *devoir* est accompagné du *pouvoir*, c'est-à-dire de l'autorité qu'ils exercent légitimement sur ceux qui leur doivent le jour. C'est ce qu'on appelle le pouvoir paternel.

Bien que l'usage ait donné le nom de pouvoir paternel au pouvoir qu'exercent les parents sur les enfants, ce pouvoir comprend aussi bien le droit de la mère que celui du père : 1° à défaut du père, en cas d'absence ou de mort, la mère a sur l'enfant exactement le même pouvoir que le père lui-même ; 2° c'est un devoir absolu des parents de faire en sorte qu'il n'y ait pas, par rapport aux enfants, deux volontés dans le ménage, deux sortes de commandements contradictoires ; aux yeux de l'enfant il ne doit y avoir qu'un seul et même pouvoir manifesté par deux personnes, mais indivisible dans son essence ; 3° en cas de conflit la volonté du père prévaut, à moins que la loi n'intervienne ; mais le père ne doit, qu'à la dernière extrémité, user d'un tel privilége, et dans le cas de l'intérêt évident de l'enfant. Même alors il doit faire en sorte que l'obéissance à l'un des parents ne soit pas une désobéissance envers l'autre ; car ce serait ruiner à sa racine le pouvoir même dont il fait usage.

Le pouvoir paternel est donc le pouvoir commun des deux parents sur leurs enfants ; et ce n'est que par exception qu'il est le pouvoir de l'un au détriment de l'autre.

La vraie raison du pouvoir paternel ou maternel est dans la faiblesse de l'enfant, dans son impuissance physique, dans son incapacité intellectuelle et morale.

Le pouvoir paternel, comme on le voit, n'ayant d'autre origine que l'intérêt même de l'enfant, est limité par l'intérêt et les droits de l'enfant lui-même. Au delà de ce qui peut être utile à son existence physique et morale, le père ne peut rien. Telle est l'étendue et telles sont les limites de son pouvoir.

De ces principes il résulte que : 1° les parents n'ont pas sur leurs enfants le droit de vie et de mort, comme ils l'ont eu dans certaines législations.

2° Ils n'ont pas davantage le droit de les maltraiter, de les blesser, enfin de les traiter comme des choses et comme des animaux ; et, quoique l'usage paraisse considérer comme innocents certains châtiments corporels, ce sera toujours un mauvais exemple et une mauvaise habitude d'employer les coups comme moyens d'éducation.

3° Les parents n'ont pas le droit de trafiquer de la liberté de leurs fils, de les vendre comme esclaves, comme dans l'antiquité, ou de s'en faire des instruments de gain, comme beaucoup de familles. Sans doute, on ne peut interdire d'une manière absolue au père de famille de faire servir le travail de l'enfant à l'entretien de la famille, mais ce ne peut être qu'en tenant compte des forces de l'enfant, et en ne sacrifiant pas son éducation intellectuelle et morale.

4° Les parents n'ont pas le droit de corrompre leurs enfants, d'en faire les complices de leurs propres désordres.

Ainsi les parents ne doivent faire aucun tort à leurs enfants, ni physique, ni moral. Mais ils leur doivent plus encore ; ils doivent les aimer, et leur faire tout le bien qui est en leur pouvoir ; seulement on doit les aimer pour eux-mêmes et non pas pour soi. Ce n'est pas notre bonheur, c'est le leur que nous devons aimer dans nos enfants ; et pour cette raison même il arrive souvent qu'il faut commander à sa propre sensibilité, et ne pas chercher à faire plaisir aux enfants au détriment de leur solide intérêt. L'excès de tendresse n'est souvent, comme on l'a dit, qu'un défaut de tendresse, c'est une sorte d'égoïsme délicat, qui craint de souffrir lui-même par les apparentes souffrances des enfants, et qui, ne sachant leur rien refuser, pour ne pas leur déplaire, leur prépare de cruelles déceptions, lorsqu'ils seront en face des tristes nécessités des choses.

Une conséquence de ce qui précède, c'est que le père de famille doit aimer tous ses enfants également, et se défendre de toutes préférences entre eux. Il ne doit pas avoir de favoris ; encore moins de victimes. Il ne doit pas, par un sentiment d'orgueil de famille, préférer les garçons aux filles, ni l'aîné aux autres enfants ; il ne doit pas même céder à cette prédilection si naturelle qui nous attache de préférence aux plus aimables, aux plus spirituels, à ceux qui ont reçu les dons les plus séduisants. On a souvent remarqué que les parents, et surtout les mères, ont un faible pour les enfants les plus débiles, ou qui ont coûté le plus de soin. Si une préférence pouvait être justifiée, ce serait dans ce cas.

Considérons les devoirs particuliers, qui sont contenus dans les devoirs généraux que nous venons d'indiquer. Ils se rapportent à deux points principaux : la conservation et l'éducation des enfants.

Le fait de donner la vie aux enfants entraîne comme conséquence inévitable le devoir de la leur conserver. L'enfant ne pouvant se donner à lui-même la nourriture, il faut que les parents la lui fournissent : c'est ce qui résulte de la nature même des choses.

D'où il suit que l'homme doit travailler pour nourrir ses enfants : c'est un devoir si évident et si nécessaire, qu'il est à peine besoin d'y insister.

Mais ce n'est pas seulement le présent que le père de famille doit assurer, c'est l'avenir. Il doit d'un côté prévoir le cas où, par un malheur possible, il viendrait à leur manquer avant l'âge. Il doit en second lieu préparer le moment où ils auront à se suffire à eux-mêmes. Le premier cas nous fait voir comment l'économie et la prévoyance se trouvent un devoir sacré du père de famille. C'est ce qui explique aussi comment ce peut être un devoir, dans la formation du mariage, de ne pas négliger la considération des biens; non pas que cette considération ne puisse céder à d'autres plus importantes; mais, toutes choses égales d'ailleurs, le mariage le meilleur est celui qui prévoit l'intérêt futur des enfants et leur assure des ressources dans le cas où le malheur voudrait qu'ils restassent orphelins dès le bas âge.

Les parents ne sont pas tenus seulement d'assurer à leurs enfants la subsistance matérielle; ils leur doivent encore et surtout l'éducation morale.

Tout le monde reconnaît dans l'éducation des enfants deux parties distinctes : l'*instruction* et l'*éducation* proprement dite; la première qui a pour but l'esprit, et la seconde le caractère. Il ne faut pas séparer ces deux choses, car sans instruction, toute éducation est impuissante; et sans éducation morale, l'instruction peut être dangereuse.

Les parents doivent donc, et c'est un devoir rigoureux, donner aux enfants l'instruction dans la proportion de leurs ressources et de leur condition; mais il ne leur est pas permis de les laisser dans l'ignorance s'ils trouvent les moyens de les en faire sortir.

L'instruction a deux effets utiles : d'abord elle augmente les ressources de l'individu, le rend apte à plus de choses diverses; elle est donc, comme le dit l'économiste politique, un capital. Les parents, en faisant donner l'instruction à leurs enfants, leur communiquent donc par là même un capital plus solide et plus productif que celui qu'ils pourraient leur transmettre par don ou héritage. En second lieu, l'instruction relève l'homme et ennoblit sa nature. Si c'est la raison qui distingue l'homme de la brute, ce sont les lumières qui étendent et rehaussent la raison. Par là, l'instruction se confond avec l'éducation morale et en est une partie essentielle.

Il faut d'ailleurs reconnaître que l'instruction toute seule ne suffit pas à l'éducation; la formation du caractère ne se fait pas seulement par la science; elle se fait encore par la persuasion, par l'autorité, par l'exemple, par l'action morale de tous les instants. L'éducation doit mélanger la crainte et la douceur, la contrainte et la liberté. L'enfant ne doit pas seulement être élevé par la crainte, comme les animaux; mais une faiblesse excessive est aussi dangereuse qu'une despotique autorité.

CHAPITRE XXV

DEVOIRS DES ENFANTS

Le premier devoir des enfants à l'égard des parents c'est *l'obéissance*. Comme ils sont incapables de se diriger eux-mêmes, il faut qu'ils se confient entièrement à ceux qui ont le droit et le devoir de les diriger.

Les enfants doivent encore à leurs parents *respect* et *reconnaissance*. « Il faut honorer, dit Platon, pendant leur vie et après leur mort, les auteurs de nos jours : c'est la première, la plus indispensable de toutes les dettes : on doit se persuader que tous les biens que l'on possède appartiennent à ceux de qui on a reçu la naissance et l'éducation, et qu'il convient de les consacrer sans réserve à leur service, en commençant par les biens de la fortune, et venant de là à ceux du corps, et enfin à ceux de l'âme; leur rendant ainsi avec usure les soins, les peines et les travaux que notre enfance leur a coûtés autrefois, et redoublant nos attentions pour eux à mesure que les infirmités de l'âge les leur rendent plus nécessaires. Il faut, de plus, que pendant toute sa vie on parle à ses parents avec un respect religieux. Ainsi, il faut céder à leur colère, laisser un libre cours à leur ressentiment, soit qu'ils le témoignent par des paroles ou par des actions, et les excuser dans la pensée qu'un père qui se croit offensé par son fils a un droit légitime de se courroucer contre lui. »

On nous rapporte également une admirable exhortation de Socrate à son fils aîné Lamproclès sur la piété filiale. La femme de Socrate, Xantippe, était célèbre par son caractère acariâtre, qui mettait souvent à l'épreuve la patience de Socrate. Il est probable qu'il en était de même de ses fils, et que ceux-ci moins patients que leur père, se laissaient quelquefois emporter contre elle. Socrate rappelle Lamproclès à son devoir de fils, en lui rappelant tout ce que les mères font pour leurs enfants.

« La mère, dit-il, porte d'abord en son sein ce fardeau qui met ses jours en péril; elle donne à son enfant une part de sa propre substance; puis, après une gestation et un enfantement pleins de douleur, elle nourrit et soigne, sans aucun retour, un enfant qui ne sait pas de qui lui viennent ces soins affectueux, qui ne peut pas même faire connaître ce dont il a besoin, tandis que la mère cherche à deviner ce qui lui convient, ce qui peut lui plaire, et le nourrit nuit et jour, au prix de mille fatigues. Mais c'est peu de nourrir les enfants; dès qu'on les croit en âge d'apprendre quelque chose, les parents leur communiquent toutes les connaissances utiles qu'ils possèdent eux-mêmes, ou bien ils l'envoient près d'un maître, sans épargner ni les dépenses, ni les soins. » — A cela le jeune homme répondit : « Oui, sans doute, elle a fait cela, et mille fois plus encore; mais personne cependant ne pourrait supporter son humeur. » — « Et toi, dit Socrate, combien, depuis ton enfance, ne lui as-tu pas coûté de désagréments insupportables, en paroles et en actions, et le jour et la nuit!... Crois-tu donc que ta mère soit pour toi une ennemie ? — Non, certes, je ne le crois pas. » — Alors Socrate : « Eh bien, cette mère qui t'aime, qui prend de toi tous les soins possibles quand tu es malade, afin de te ramener à la santé, qui prie les dieux de te prodiguer leurs bienfaits, tu te plains de son humeur !... Oh ! mon fils, si tu es sage, tu prieras les dieux de te pardonner tes offenses envers ta mère, dans la crainte qu'ils ne te regardent comme un ingrat, et ne te refusent leurs bienfaits ; et, pour les hommes, tu prendras garde aussi qu'instruits de ton manque de respect pour tes parents, ils ne te méprisent tous et ne te laissent privés d'amis. Car, s'ils pensaient que tu fusses ingrat envers tes parents, aucun d'eux ne te croirait capable de reconnaître un bienfait. »

A l'âge de la majorité, les enfants sont dégagés par la loi des devoirs de l'obéissance : ils ne se font pas des devoirs de la reconnaissance et du respect. Ils doivent avoir égard à leurs conseils, les entourer de leurs sollicitudes et de leurs soins, et, s'il est nécessaire, leur rendre les secours qu'ils en ont reçus dans leur enfance. C'est à eux à protéger à leur tour ceux dont ils ont été si longtemps protégés.

En outre, il y a deux graves circonstances où ils ont à épuiser toutes les formes du respect et de la soumission avant d'user des droits rigoureux que leur accorde la loi : c'est le mariage, et le choix d'une profession. Dans le premier cas, la loi et la morale exigent le consentement des parents ; et ce n'est qu'à la dernière extrémité qu'il est permis de passer outre, après trois sommations respectueuses. Ici, quoique permette la loi, on peut dire que, sauf les cas extrêmes et exceptionnels, il est toujours mieux de ne pas passer outre, et d'attendre que le changement des circonstances amène le changement de la volonté chez les parents. Le plus souvent, en effet, la résistance des parents en ces circonstances est conforme à l'intérêt des enfants; ils veulent les défendre contre l'entraînement de leurs propres passions. Ils ont d'ailleurs aussi une sorte de droit à interdire l'entrée de leur famille et la participation de leur nom à quelqu'un qui n'en serait pas digne.

Quant au choix de la profession, l'obligation de se conformer aux désirs et à la volonté des parents est moins rigoureuse que pour le mariage, et il est évident ici que le premier devoir, le devoir strict est de choisir la profession à laquelle on est le plus propre. Mais, comme il y a là aussi souvent, de la part des enfants, beaucoup d'inexpérience, que parmi les professions il en est de très-difficiles, de très-périlleuses, on comprend qu'il y ait un devoir de la part des enfants, sauf vocation irrésistible, à se laisser guider par une expérience plus éclairée et mieux avertie. En tout cas, ce qui est un devoir strict, c'est de consulter la sagesse paternelle, et de retarder autant qu'il sera possible une résolution définitive.

II. *Devoirs des frères.* — Un moraliste moderne, Silvio Pellico, a exprimé d'une manière charmante les devoirs des frères entre eux.

« Pour bien pratiquer envers les hommes la science divine de la charité, il faut en faire l'apprentissage en famille.

« Quelle douceur ineffable n'y a-t-il pas dans cette pensée : « Nous sommes les enfants d'une même mère !.. » Si vous voulez être bon frère, défendez-vous de l'égoïsme. Que chacun de vos frères, que chacune de vos sœurs voie que ses intérêts vous sont aussi chers que les vôtres. Si l'un d'eux commet une faute, soyez indulgent pour le coupable. Réjouissez-vous de leurs vertus ; imitez-les.

« L'intimité du foyer ne doit jamais vous faire oublier d'être poli avec vos frères.

« Trouvez dans vos sœurs le charme suave des vertus de la femme ; et, puis que la nature les a faites plus faibles et plus sensibles que vous, soyez plus attentif à les consoler dans leurs afflictions, à ne pas les affliger vous-même.

« Ceux qui contractent à l'égard de leurs frères et de leurs sœurs des habitudes de malveillance et de grossièreté restent malveillants et grossiers avec tout le monde. Que le commerce de la famille soit uniquement tendre et saint, et l'homme portera dans ses autres relations sociales le même besoin d'estime et de nobles affections. »

CHAPITRE XXVI

DEVOIRS DES MAITRES ET DES DOMESTIQUES

Une des fonctions les plus importantes de l'administration intérieure, c'est le gouvernement des domestiques. Elle se compose de deux choses : le *choix* et la *direction*.

Mais il ne sert de rien de bien choisir et de bien rencontrer, si l'on ignore l'art de diriger et de gouverner. Le maître de maison doit sans doute avoir toujours l'œil ouvert, mais il doit savoir aussi qu'aucune créature n'apprend à bien faire, si on ne la laisse agir avec une certaine liberté. *Surveillance* et *confiance*, tels sont les deux principes d'un sage gouvernement domestique. Sans la première, on est trompé ; sans la seconde, on se trompe soi-même en privant le serviteur du ressort le plus énergique de la volonté humaine : la responsabilité et l'honneur.

En outre, le maître doit éviter d'être violent et brutal envers les domestiques. Il doit exiger tout ce qui est juste, sans pousser cependant ses exigences jusqu'à la persécution. Beaucoup de personnes se privent de bons domestiques, parce qu'ils ne savent supporter avec patience des défauts inévitables, inhérents à la nature humaine.

En revanche, le domestique doit au maître : 1° Une honnêteté inviolable. Comme ce sont eux en définitive qui traitent au dehors et font la dépense, le trésor de la famille est entre leurs mains. Plus on est obligé de se confier à eux, plus il est de leur honneur de s'interdire la plus légère infidélité. 2° Ils doivent l'obéissance et l'exactitude dans les choses qui sont de leur service. 3° Autant que possible, ils doivent s'attacher à la maison où ils servent ; plus ils y restent, plus ils sont considérés comme faisant partie de la famille ; plus ils y obtiennent les égards et l'affection que l'on doit à l'âge et à la fidélité.

CHAPITRE XXVII

DEVOIRS ENVERS LES HOMMES

Toutes les règles des actions humaines par rapport aux autres hommes, peuvent se ramener à ces deux préceptes : 1° faire du bien aux hommes ; 2° ne pas leur faire de mal.

Ce qui se ramène à ces deux belles maximes de l'Évangile : « Ne fais pas à autrui ce que tu ne voudrais pas qu'on te fît à toi-même ; » — « Fais à autrui ce que tu voudrais qu'on te fît à toi-même. »

Voici les différents degrés de cette double obligation :

1° Ne pas rendre le mal pour le bien (éviter l'*ingratitude*) ;

2° Ne pas faire du mal à ceux qui ne nous en ont pas fait (éviter l'*injustice* et la *cruauté*) ;

3° Ne pas rendre le mal pour le mal (éviter la *vengeance*) ;

4° Rendre le bien pour le bien (pratiquer la *reconnaissance*) ;

5° Faire du bien à ceux qui ne nous en ont pas fait (pratiquer la *charité*) ;

6° Rendre le bien pour le mal (*pardon des offenses*).

On peut encore distinguer nos devoirs envers nos semblables, d'après les différentes espèces de biens ou de maux que nous pourrons leur faire.

1° Devoirs relatifs à la *vie* des autres hommes. Suivant les deux maximes citées plus haut, ces devoirs sont de deux sortes : 1° ne pas attenter à la vie d'autrui; 2° faire ses efforts pour sauver la vie d'autrui. Tout attentat à la vie d'autrui s'appelle *homicide*. S'il est accompagné de perfidie ou de trahison, c'est l'*assassinat*. Le meurtre des parents par les enfants est appelé *parricide*; des enfants par les parents (surtout à l'âge le plus tendre), *infanticide*; des frères les uns par les autres, *fratricide*. Tous ces crimes sont les plus odieux et les plus repoussants pour le cœur humain. Le meurtre n'est jamais permis, même pour le plus grand intérêt et pour le plus grand bien. Ainsi, c'était une erreur des anciens de croire que le meurtre du tyran ou *tyrannicide* était non-seulement légitime, mais honorable et beau. Cependant il faut accepter le cas de *légitime défense*; car il ne peut nous être interdit de nous défendre contre celui qui veut nous ôter la vie.

Si la plus criminelle des actions est d'ôter la vie à son semblable, l'action au contraire qui consiste à *sauver la vie* d'autrui, et surtout *à donner sa vie* pour autrui, est la plus belle de toutes. « Le bon pasteur donne sa vie pour ses brebis. »

A ce devoir fondamental de ne pas attenter à la vie des autres hommes, se rattache, comme corollaire, le devoir de ne pas porter atteinte à leur corps par des coups ou des blessures, à leur santé par des violences dangereuses; et réciproquement le devoir de les soigner dans leurs maladies.

2° Devoirs relatifs aux *biens*. Nous avons vu plus haut que l'homme ne peut conserver sa vie et la rendre heureuse et commode, sans un certain nombre d'objets matériels, que l'on appelle les *biens extérieurs*. La possession légitime de ces biens est ce que l'on appelle la *propriété*. Le droit de propriété repose d'un côté sur l'utilité sociale, et de l'autre sur le travail humain. D'une part, la société ne peut subsister sans un certain ordre qui fixe à chacun le sien; de l'autre, il est légitime que chacun soit propriétaire de ce qu'il a gagné par son travail; le droit de posséder entraîne après lui le droit d'épargner, et par conséquent le droit de former un capital, et en outre le droit d'utiliser ce capital, en lui faisant porter *intérêt*. En outre, le droit de conserver implique le droit de *transmettre* : de là, la légitimité de l'*héritage*.

La propriété une fois fondée sur le droit, c'est pour nous un devoir de ne pas attenter au droit. L'acte de prendre à autrui ce qui lui appartient est ce qu'on appelle le *vol*. Le vol est absolument interdit par la loi morale, de quelque nom qu'il se couvre et de quelque prestige qu'il s'enveloppe : « *Vous ne déroberez point.* » Le vol ne consiste pas seulement à mettre la main dans la poche de son voisin; il consiste dans toutes les manières possibles de s'approprier le bien d'autrui. Par exemple, *frauder* sur la qualité de la chose vendue, se livrer à un *agiotage* illégitime, employer pour son usage un *dépôt* confié à ses soins; emprunter sans savoir si l'on peut payer, et, après avoir emprunté, méconnaître sa *dette*, ou refuser de s'acquitter; ce sont autant de manières de s'approprier le bien d'autrui, autant de formes diverses du vol.

Au devoir relatif aux biens d'autrui se rattachent, comme corollaires, les devoirs relatifs à l'observation des *conventions* ou *contrats*; la transmission des biens dans la société ne se faisant pas toujours de la main à la main, mais par voie de promesses et d'écrits, manquer à sa promesse, frauder sur le sens des conventions jurées, c'est d'une part s'approprier le bien d'autrui, et de l'autre mentir et tromper : c'est donc manquer à un double devoir.

Il ne suffit pas de ne pas prendre ce qui appartient à autrui. Il faut encore, autant qu'on le peut, aider autrui de ses propres biens, à le soulager dans sa misère. C'est ce qu'on appelle la *bienfaisance*, laquelle peut s'exercer de plusieurs manières, soit par le *don*, soit par le *prêt*. Elle peut s'exercer encore soit en *nature*, c'est-à-dire en donnant les objets nécessaires à la subsistance ou à l'entretien; soit en argent, c'est-à-dire en donnant les moyens de se les procurer; soit en *travail*, ce qui est le meilleur de tous les dons; car, en soulageant les autres, on leur donne en même temps les moyens de se suffire à eux-mêmes.

3° Devoirs relatifs à la famille d'autrui. Nous avons vu plus haut quels sont les devoirs de l'homme dans sa famille; il nous reste à dire quelques mots sur les devoirs envers la famille d'autrui. On peut manquer à ces devoirs, soit en portant atteinte au lien conjugal, ce qui est l'*adultère;* soit en enlevant aux autres leurs enfants, ce qui est le *rapt;* soit en les dépravant par de mauvais conseils ou de mauvais exemples, ce qui est la *corruption*.

4° Devoirs relatifs à l'*honneur* d'autrui. On peut manquer à ces devoirs soit en disant en face à un homme (qui ne le mérite pas) des choses blessantes et grossières : ce sont les *injures;* soit en disant du mal des autres; et ici, l'on distingue deux degrés : si le mal que l'on dit est vrai, c'est la *médisance;* si le mal que l'on dit est faux et inventé, c'est la *calomnie.* En général, il ne faut pas préjuger trop facilement le mal chez les autres hommes; ce genre de défaut est ce que l'on appelle les *jugements téméraires.*

C'est un devoir de *rendre justice* à chacun, même à ses ennemis, et de dire du bien, quand ils en méritent, même de ceux qui disent du mal de nous. C'est un devoir d'avoir en général pour les hommes une disposition *bienveillante,* pourvu que cela n'aille pas jusqu'à la complaisance pour le mal. Dans les rapports avec le prochain, l'usage du monde, pour éviter les querelles et les injures, a introduit ce que l'on appelle la *politesse,* qui pour être une vertu mondaine, n'en est pas moins une vertu nécessaire à l'ordre de la société.

5° Devoirs relatifs à *l'amitié.* Tous les devoirs précédents sont les mêmes envers tous les hommes. Il y en a d'autres de particuliers envers certains hommes, envers ceux, par exemple, auxquels nous attachent, soit la sympathie de caractère, soit l'uniformité des occupations, soit une éducation commune, etc., c'est ce qu'on appelle les *amis.* Les devoirs relatifs à l'amitié sont : 1° de bien choisir ses amis, de les choisir honnêtes, éclairés, afin de trouver dans leur société des encouragements au bien. Rien de plus dangereux que les amis de plaisir, ou les amis intéressés, unis par les vices et les passions, au lieu de s'unir par la sagesse et la vertu; 2° une fois les amis choisis, le devoir réciproque est la *fidélité.* Ils doivent se traiter avec une parfaite *égalité,* avec *confiance.* Ils se doivent le *secret*, lorsque l'un a confié à l'autre ses intérêts les plus chers ; le *dévouement*, si l'un a besoin des secours de l'autre. Enfin, ils doivent d'une manière plus stricte et plus rigoureuse, ce que l'on doit en général aux autres hommes ; et les fautes ou crimes envers l'humanité en général prennent un caractère plus odieux envers des amis.

CHAPITRE XXVIII

DEVOIRS ENVERS LA PATRIE

Indépendamment de cette grande société universelle qui nous unit à tous les hommes, il y a des groupes plus restreints et plus circonscrits qui nous lient plus particulièrement à certains hommes. Les plus importants de ces groupes sont la *patrie* et la *famille*.

Nous avons parlé déjà de la famille, disons quelques mots de la patrie.

La patrie est une idée très-complexe : il y entre à la fois l'idée du sol qui nous a vus naître ; l'idée de ceux qui habitent ce sol, et que nous appelons nos *compatriotes* ou *concitoyens* ; l'idée d'une langue et d'une histoire communes, d'une même religion, d'un même gouvernement, etc. Tous ces éléments ne se rencontrent pas toujours à la fois ; mais plus ces éléments sont nombreux, plus l'idée de la patrie est ferme et solide, et plus est fort le sentiment qui y correspond. On l'appelle le *patriotisme*, auquel on oppose quelquefois le *cosmopolitisme*, lorsque, franchissant les bornes de notre patrie, nous considérons tous les hommes comme membres d'un même état.

Les devoirs envers la patrie sont : 1° l'*obéissance aux lois*. En effet, aucune société ne peut subsister sans lois. L'absence d'ordre et de lois dans une société est ce que l'on appelle l'*anarchie :* c'est la destruction même de la société ; 2° le *respect des magistrats*. Tout magistrat, juge, administrateur, souverain est le représentant de la loi. Comme tel, il doit être obéi et respecté autant que la loi elle-même ; 3° le *service militaire*. La patrie a besoin de défenseurs contre ceux qui menacent son indépendance. Tous lui doivent leurs bras et même leur vie, s'il est nécessaire ; 4° les *contributions*. L'état, comme les particuliers, ne peuvent administrer ses affaires sans argent. De là, pour tous les citoyens, la nécessité de contribuer aux dépenses publiques par une cotisation proportionnée à leurs ressources. Ces contributions doivent être acquittées avec exactitude, à moins d'entière incapacité. On ne doit chercher à *frauder* l'État d'aucune manière ; sous ce rapport, la conscience publique est généralement trop large. Toute fraude faite à l'État est un véritable vol ; 5° le *vote*. Dans notre société actuelle, tous les citoyens ont le droit de voter. Le vote n'est pas seulement un droit, c'est un devoir. Ils ne doivent pas s'abstenir par indifférence, ni voter par peur ou par caprice. Le vote doit être entièrement *indépendant*, et autant que possible *éclairé*. C'est pourquoi jamais il n'a été aussi obligatoire qu'aujourd'hui de s'instruire. Les citoyens doivent savoir qu'ils ont entre les mains le sort de la patrie, qu'ils ont à réaliser les deux grands objets de toute société civilisée : l'ordre et la liberté.

CHAPITRE XXIX

JUSTICE ET CHARITÉ

Tous nos devoirs envers nos semblables ont été ramenés à deux grandes classes : devoirs de *justice*, devoirs de *charité*.

La justice peut être définie le *respect des droits d'autrui*. Être juste, c'est respecter les biens, l'honneur, la liberté, la famille, la vie de ses semblables.

La charité, c'est le *dévouement* et le sacrifice de soi-même à autrui.

On peut employer la force et la contrainte pour défendre ses *droits* : par exemple, le créancier pour se faire payer de son débiteur, l'homme attaqué, pour repousser une agression injuste. Mais on ne peut employer la force pour se faire donner ce dont on a besoin.

Ainsi, l'on peut nous *contraindre* à exercer la justice, on ne peut nous contraindre à la charité. La justice respecte ou restitue. La charité donne. La charité est un devoir, mais un *devoir qui ne correspond pas à un droit*.

On ne peut pas dire qu'il ne soit pas obligatoire d'être charitable; mais il s'en faut que cette obligation soit aussi précise, aussi inflexible que la justice. La charité, c'est le sacrifice. Or, qui trouvera la règle du sacrifice, la formule du renoncement à soi-même? Pour la justice, la formule est claire : respecter les droits d'autrui. Mais la charité ne connaît ni règle, ni limites. Elle surpasse toute obligation. Sa beauté est précisément dans sa liberté.

On ne peut rien dire de plus beau et de plus fort sur la charité que ces paroles de l'apôtre Saint-Paul :

« Quand je parlerais toutes les langues des hommes et des anges, si je n'ai point la charité, je ne suis qu'un airain sonnant, une cymbale retentissante.

« Quand j'aurais le don de prophétie, que je pénétrerais tous les mystères, et que je posséderais toutes les sciences; quand j'aurais même toute la foi possible jusqu'à transporter des montagnes, si je n'ai point la charité, je ne suis rien.

« Et quand je distribuerais tout mon bien pour nourrir les pauvres, et que je livrerais mon corps pour être brûlé (1), si je n'ai point la charité, tout cela ne sert de rien.

« La charité est patiente ; elle est bienfaisante, elle n'est point jalouse, elle n'est pas téméraire; elle ne s'enfle point.

« Elle ne fait rien contre la bienséance, elle ne cherche point ses propres intérêts; elle ne s'aigrit point, elle ne pense point le mal.

(1) C'est-à-dire que les actes ne sont rien, si le cœur ne s'y joint pas.

« Elle souffre tout ; elle croit tout ; elle supporte tout (1).

CHAPITRE XXX

EXISTENCE DE DIEU

Il est un Dieu. Le sentiment universel des hommes l'atteste. L'ordre de l'univers le démontre. L'ordre moral le réclame impérieusement.

1° Partout où l'on rencontre l'homme, il se montre religieux. Partout il invoque une ou plusieurs puissances supérieures à la nature. Il peut se tromper sur la nature de Dieu. Il ne se trompe pas sur son existence.

2° L'ordre de l'univers, les révolutions régulières des astres, les merveilles de l'organisation animale, la savante mécanique du corps humain, tout prouve un créateur intelligent. Un poëte a dit :

L'univers m'embarrasse, et je ne puis songer
Que cette horloge existe, et n'ait pas d'horloger.

3° Dieu n'est pas seulement l'auteur de l'ordre physique : il l'est encore de l'ordre moral. Il est indispensable à l'humanité, comme *législateur* et comme *juge*. C'est lui, nous l'avons vu, qui nous impose la loi morale : c'est lui qui en garantit l'exécution.

(1) *Saint Paul*, I, Cor XIII, 1-7.

En outre, l'ordre de la nature étant *un*, et présentant une harmonie parfaite, il ne peut y avoir qu'un *seul Dieu*, qui comme principe d'ordre physique est appelé sagesse, et comme principe d'ordre moral est appelé justice et bonté. Et enfin, comme on ne peut comprendre que cet ordre constitué par Dieu ne soit pas surveillé et conservé par lui, Dieu considéré comme veillant sur le monde et le conduisant à son but, est la *Providence*.

Personne n'a parlé plus divinement de la Providence que Socrate et Platon.

« Apprends, dit Socrate à l'un de ses disciples, que ton âme, enfermée dans ton corps, le gouverne comme il lui plaît. Il faut donc croire aussi que l'intelligence qui réside dans l'univers dispose tout à son gré ! Quoi ! ta vue peut s'étendre à plusieurs stades, et l'œil de la Divinité ne pourrait tout embrasser à la fois ! Ton âme peut en même temps s'occuper de tout ce qui se passe ici, et en Égypte et en Sicile, et l'intelligence de Dieu ne serait pas capable de penser à tout dans un seul instant ! Reconnais donc quelle est la nature et la grandeur de cette divinité qui peut à la fois tout voir, tout entendre, être présente partout, et prendre soin de tout ce qui existe. »

« Ne faisons pas cette injure à Dieu, dit Platon, de le mettre au-dessous des ouvriers mortels ; et ceux-ci, à mesure qu'ils excellent dans leur art, s'appliquent d'autant plus à finir et à perfectionner toutes les parties de leurs ouvrages, soit grandes, soit petites ; ne disons donc pas que Dieu qui est très-sage, qui veut et peut prendre soin de tout, néglige les petites choses auxquelles il lui est plus aisé de pourvoir, comme pourrait faire un ouvrier indolent et lâche rebuté par le travail... Non, celui qui prend soin de tout, a pris des mesures efficaces pour maintenir l'univers dans son intégrité et dans sa perfection. Toi-même, chétif mortel, tout petit que tu es, tu entres pour quelque chose dans l'ordre général, et tu t'y rapportes sans cesse. Mais tu ne réfléchis pas que tout ce qui arrive, arrive en vue du tout, afin qu'il vive d'une vie plus heureuse ; que rien ne se fait pour toi, et que tu es fait toi-même pour l'univers ; que tout médecin, tout artisan habile, dirige toutes ses opérations vers un tout, tendant au bien commun, et rapportant chaque partie au tout, et non le tout à quelqu'une des parties. Et tu murmures, parce que tu ignores ce qui est le meilleur tout à la fois pour toi et le tout, selon les lois de l'existence universelle. »

CHAPITRE XXXI

DEVOIRS ENVERS DIEU

S'il y a un Dieu, c'est-à-dire un auteur de l'ordre physique et de l'ordre moral, conservant et surveillant le monde dont il est le père, il s'ensuit que l'homme, faisant partie de ce monde, et se distinguant des autres créatures en ce qu'il se sait le fils de Dieu, est tenu envers ce père suprême à des sentiments de reconnaissance et de respect, envers ce juge suprême, à des sentiments de crainte et d'espérance, qui composent ce que l'on appelle le *sentiment religieux*.

Les deux principaux éléments des sentiments religieux sont : le *respect* et *l'amour*. Ces deux sentiments confondus en un seul, et s'adressant à l'être *infini*, sont ce qu'on appelle l'*adoration*. L'adoration est exclusivement consacrée à la Divinité : adorer d'autres objets que la divinité est ce que l'on appelle l'*idolâtrie*. L'ensemble des actes par lesquels se manifeste l'adoration s'appelle *culte*. Si ces actes sont renfermés dans l'âme, c'est le culte *intérieur* ; s'ils se manifestent au dehors, c'est le culte *extérieur*.

On demande s'il faut un culte extérieur. Fénelon répond en montrant qu'il est la conséquence nécessaire et naturelle du culte intérieur. « Ne voit-on pas, dit-il, que le culte extérieur suit nécessairement le culte intérieur de l'amour ? Donnez-moi une société d'hommes qui se regardent comme n'étant tous ensemble sur la terre qu'une seule famille, dont le père est au ciel ; donnez-moi des hommes qui ne vivent que du seul amour de ce père céleste, qui n'aiment ni le prochain, ni eux-mêmes que par amour de lui, et qui ne soient qu'un cœur et une âme : dans cette divine société n'est-il pas vrai que la bouche parlera sans cesse de l'abondance du cœur ? Ils admireront le Très-Haut ; ils chanteront le Très-Bon ; ils chanteront ses louanges ; ils le béniront pour tous ses bienfaits. Ils ne se borneront pas à l'aimer ; ils l'annonceront à tous les peuples de l'univers ; ils voudront redresser leurs frères dès qu'ils les verront tentés, par l'orgueil ou par les passions grossières, d'abandonner le Bien-Aimé. Ils gémiront de voir le moindre refroidissement de l'amour. Ils passeront au-delà des mers, jusqu'au bout de la terre, pour faire connaître et aimer le père commun aux peuples égarés qui ont oublié sa grandeur. Qu'appelez-vous un culte extérieur, si celui-là n'en est pas un? Dieu serait alors *tout en tous ;* il serait le roi, le père, l'ami universel ; il serait la loi vivante des cœurs. Hélas! si un roi mortel, ou un père de famille s'attire par sa sagesse l'estime et la confiance de tous ses enfants, on ne voit à toute heure que les honneurs qui lui sont rendus; il ne faut point lui demander où est son culte, ni si on lui en doit un. Tout ce qu'on fait pour l'honorer, pour lui obéir et pour reconnaître ses grâces est un culte continuel qui saute aux yeux. Que serait-ce donc si les hommes étaient possédés de l'amour de Dieu ! Leur société serait un culte continuel, comme celui qu'on nous dépeint des bienheureux dans le ciel (1). »

CHAPITRE XXXII

IMMORTALITÉ DE L'AME

L'immortalité de l'âme est une vérité qui ressort évidemment comme une conséquence nécessaire de deux propositions établies plus haut : la première, c'est qu'il y a dans l'homme une âme distincte du corps;

---

(1) Fénelon, *Lettres sur la religion.*

la seconde, c'est que toute sanction terrestre de la loi morale est insuffisante. En effet, s'il y a une âme distincte du corps, il n'est pas nécessaire qu'elle périsse avec lui. Si toutes les sanctions terrestres sont insuffisantes, il faut une sanction supérieure et définitive qui rétablisse l'harmonie naturelle de la vertu et du bonheur.

Insistons seulement sur cette seconde raison.

En principe, nous l'avons vu, le bonheur et le bien devraient être en raison directe l'un de l'autre : mais il n'en est pas ainsi dans la vie humaine.

En effet, on peut ramener à deux classes les plaisirs et les peines que l'on considère comme des sanctions de la loi morale :

1° Ceux qui n'ont aucun rapport direct, aucune connexion nécessaire avec le bien moral, par exemple les plaisirs des richesses ou de la santé.

2° Les plaisirs qui ont un rapport immédiat avec le bien moral, par exemple les plaisirs de l'estime et de la conscience.

Les souffrances sont également de deux espèces : celles qui peuvent venir de l'état du corps, ou des situations critiques et fâcheuses où l'homme est souvent engagé ; celles que l'on appelle remords, qui suivent inévitablement la violation de la loi morale. Maintenant, il est aisé de faire voir que le bien et le bonheur ne sont pas en harmonie dans la vie actuelle.

C'est un fait connu que la vertu n'est pas une égide suffisante pour vous protéger contre les coups de l'adversité, et que l'immoralité ne vous condamne pas nécessairement à la misère et à la douleur. Il est évident qu'un homme corrompu et méchant peut naître avec tous les avantages du génie, de la fortune, de la santé : un homme honnête peut naître déshérité sur tous ces points. Il n'y a là ni injustice, ni hasard : mais cela prouve que l'harmonie du bien moral et du bonheur n'a pas été réservée à cette terre.

Quant aux plaisirs et aux peines de la conscience, il est encore évident qu'elles ne sont pas suffisantes. En effet, les plaisirs des sens peuvent étourdir et étouffer la voix du remords ; et il faut le dire aussi, quoique cela soit plus triste encore, il arrive quelquefois que l'impitoyable acharnement du malheur émousse, dans une âme honnête, le plaisir de la vertu ; et les efforts douloureux qu'elle coûte peuvent finir par effacer, pour un homme fatigué de la vie, les jouissances calmes et douces qu'elle procure.

Si telle est la disproportion et le désaccord des plaisirs et des peines internes avec le mérite moral de celui qui les éprouve, que sera-ce de cette sanction tout extérieure, qui consiste dans ces récompenses et dans ces châtiments que distribue l'inégale justice des hommes ? Je ne parle pas seulement des peines légales ; on sait qu'elles tombent quelquefois sur l'innocent, que souvent elles sont épargnées au coupable, que presque toujours elles sont disproportionnées, la loi punissant le crime, sans chercher à déterminer d'une manière absolument exacte la valeur morale de l'action. Mais je parle aussi des peines et des récompenses de l'opinion, de l'estime et du mépris. Sont-elles toujours en proportion exacte du mérite ?

De toutes ces observations, il résulte que la loi d'harmonie entre le bien et le bonheur n'est pas de ce monde, qu'il y a toujours désaccord ou tout au moins disproportion entre le mérite moral et les plaisirs de la sensibilité. De là la nécessité d'une sanction supérieure dont Dieu se réserve le moyen et le moment.

« Plus je rentre en moi-même, dit un philosophe, plus je me consulte et plus je lis ces mots écrits dans mon âme : *sois juste et tu seras heureux.* Il n'en est rien pourtant, à considérer l'état présent des choses : le méchant prospère et le juste reste opprimé. Voyez aussi quelle indignation s'allumer en nous quand cette attente est frustrée ! La conscience s'élève et murmure contre son auteur; elle lui crie en gémissant : Tu m'as trompé ! Je t'ai trompé, téméraire ! Qui te l'a dit ? Ton âme est-elle anéantie ? as-tu cessé d'exister ? ô Brutus ! ô mon fils, ne souille pas ta noble vie en la finissant : ne laisse pas ton espoir et ta gloire avec ton corps aux champs des Philippes. Pourquoi dis-tu : La vertu n'est rien, quand tu vas jouir du prix de la tienne ? Tu vas mourir, penses-tu : non, tu vas vivre, et c'est alors que je tiendrai ce que j'ai promis. On dirait, aux murmures des impatients mortels que Dieu leur doit la récompense avant le mérite, et qu'il est obligé de payer leur vertu d'avance. Oh ! soyons bons premièrement, et puis nous serons heureux. N'exigeons pas le prix avant la victoire, ni le salaire avant le travail. Ce n'est pas dans la lice, disait Plutarque, que les vainqueurs de nos jeux sacrés sont couronnés, c'est après qu'ils l'ont parcourue.

« Ici-bas, mille passions ardentes absorbent le sentiment intime, et donnent le change aux remords; les humiliations, les disgrâces qu'attire l'exercice des vertus, empêchent d'en sentir tous les charmes. Mais quand, délivrés des illusions que nous font le corps et les sens, nous jouirons de la contemplation de l'Être suprême et des vérités éternelles dont il est la source, quand la beauté de l'ordre frappera toutes les puissances de notre âme, et que nous serons uniquement occupés à comparer ce que nous avons fait avec ce que nous avons dû faire, c'est alors que la voix de la conscience reprendra sa force et son empire; c'est alors que la volupté pure qui naît du contentement de soi-même, et le regret amer de s'être avili, distingueront par des sentiments inépuisables le sort que chacun se sera préparé. Ne me demandez point, ô mon bon ami! s'il y aura d'autres sources de bonheur et de peines; je l'ignore; et c'est assez de celles que j'imagine pour me consoler de cette vie, et m'en faire espérer une autre. Je ne dis point que les bons seront récompensés; car quel autre bien peut attendre un être excellent, que d'exister selon sa nature? Mais je dis qu'ils sont heureux parce que leur auteur, l'auteur de toute justice, les ayant faits sensibles, ne les a pas faits pour souffrir; et que, n'ayant point abusé de leur liberté sur la terre, ils n'ont pas trompé leur destination par leur faute : ils ont souffert pourtant dans cette vie, ils seront donc dédommagés dans une autre. Ce sentiment est moins fondé sur le mérite de l'homme que sur la notion de bonté qui me semble inséparable de l'essence divine. Je ne fais que supposer les lois de l'ordre observées, et Dieu constant à lui-même (1). »

(1) Rousseau, *Émile.*

FIN.

TABLE DES MATIÈRES

I.	— Notions morales	5
II.	— Le plaisir et le bien	9
III.	— L'utile et l'honnête	11
IV.	— L'honnête	13
V.	— Le devoir	15
VI.	— La conscience morale	18
VII.	— Le sentiment moral	20
VIII.	— La liberté	24
IX.	— Le mérite et le démérite	28
X.	— De la responsabilité morale	35
XI.	— La sanction morale	39
XII.	— Du perfectionnement de soi-même. — Des passions	44
XIII.	— Suite du précédent	48
XIV.	— *Division des devoirs*. — Devoirs à l'égard des animaux	53
XV.	— Devoirs envers soi-même	57
XVI.	— Autres devoirs à l'égard du corps. — La tempérance	62
XVII.	— Devoirs relatifs aux biens extérieurs de l'économie et de l'épargne	66
XVIII.	— Du travail	73
XIX.	— Devoirs relatifs à l'intelligence	78
XX.	— La véracité	83
XXI.	— Devoirs relatifs à la volonté et au sentiment. — La force d'âme	86
XXII.	— La dignité personnelle	89
XXIII.	— Devoirs de famille. — Le mariage	92
XXIV.	— Devoirs des parents	97
XXV.	— Devoirs des enfants	103
XXVI.	— Devoirs des maîtres et des domestiques	107
XXVII.	— Devoirs envers les hommes	109
XXVIII.	— Devoirs envers la patrie	114
XXIX.	— Justice et charité	116
XXX.	— Existence de Dieu	118
XXXI.	— Devoirs envers Dieu	120
XXXII.	— Immortalité de l'âme	122

www.ingramcontent.com/pod-product-compliance
Lightning Source LLC
Chambersburg PA
CBHW060201100426
42744CB00007B/1120